Adherence to "Maternal Love"
母親の「母性愛」信奉
● 実証研究からみえてくるもの

江上園子 著 Sonoko Egami

ナカニシヤ出版

はじめに

　男性は子どもを持つと，父親になる。女性は子どもを持つと，母親になる。この両者は同じ「親」・「保護者」・「養育者」という立場であるにもかかわらず，男性の生活はそれまでとあまり変わらず，女性の生活は一変するという夫婦間での隔たりが指摘されている。「子はかすがい」と言われる一方で，第一子出生直後に夫婦間に生じる「産後クライシス」が問題視されている。

　子どもに恵まれることは，たいていの場合，とても幸せなことである。誰もがその幸運を信じてやまない。ところが，その希望の象徴であるはずの子どもをいざ育てていくとなると，こんなに大変で困難なことはないと言われることも多い。「不適切な養育」の中でもとくに重篤な例である「虐待」についても，世間から親が非難されると当時に，当事者と同じ立場である親（とくに主に育児を担っている母親）からは「気持ちはわかる」という理解が示されることもある。

　これらの2つの疑問を漠然と抱き続けていたときに，「母性愛」という概念に出会った。「母性愛」は本能的なものであるが，「父性愛」は育っていくものであるという表記が辞書にあることに驚いた。それは，女性しか妊娠・出産・授乳などができないから，いのちをお腹の中で育てるという神聖不可侵なものだから，だろうか（ちなみに無痛分娩がこれほど進まないのも，先進国では珍しいという）。少なくとも我が国では一般的にはそのような認識がなされているのだ。なぜ，この国では母親に痛みや献身を要求するのか。あるいは，他の国や文化でもそういった傾向はあるのだろうか。何より，当事者である母親たちはこれらの傾向をどのように捉えているのだろうか。納得しているのか，それとも忌避しているのか。そしてその母親の受け止め方が，子どもとの接し方を左右していることはあるのだろうか。

　人間としての疑問と研究者としての疑問が一致し，筆者はいくつかの調査を行った。本書はそれらの研究結果をもとに記したものである。本書を読まれる

方々に，母親という当事者の眼を借りることで「母性愛」を見直す機会が提供できたら幸いである。

　なお，本書は，独立行政法人日本学術振興会平成26年度科学研究費補助金（研究成果公開促進費）の助成を受けて刊行する機会を得た。

目　次

はじめに　i

第 1 部　序　　論

第 1 章　「母性」・「母性愛」概念の整理と実証研究の意義 ………… 3
　　1-1．目　　的　3
　　1-2．「母性」・「母性愛」という概念について　3
　　1-3．「母性」・「母性愛」の類似概念・関連概念について　4
　　1-4．「母性」・「母性愛」の歴史的文化的背景とは　6
　　1-5．「母性愛」を支える精神分析学理論とその修正　7
　　1-6．「母性愛」を支える科学的知見とその反論　8
　　1-7．「母性愛」へのフェミニズムの見解と「母性」概念の解体という試み　10
　　1-8．実証研究の必要性とその意義─「母性愛」信奉傾向の提唱とその影響の検証─　12
　　1-9．本書の構成　14

第 2 部　本　　論

第 2 章　「母性愛」信奉傾向の提唱と尺度の作成 …………………… 21
　　2-1．問題と目的　21
　　2-2．方　　法　22
　　2-3．結　　果　24
　　2-4．考　　察　27

第3章 「母性愛」信奉傾向と母親の原因帰属傾向 ·················· 31
 3-1．問題と目的　**31**
 3-2．方　　法　**34**
 3-3．結　　果　**35**
 3-4．考　　察　**41**

第4章 「母性愛」信奉傾向と子どもの発達水準 ···················· 44
 4-1．問題と目的　**44**
 4-2．方　　法　**45**
 4-3．結　　果　**47**
 4-4．考　　察　**54**

第5章 「母性愛」信奉傾向と就業形態および職業満足度 ··········· 57
 5-1．問題と目的　**57**
 5-2．方　　法　**60**
 5-3．結　　果　**61**
 5-4．考　　察　**68**

第6章 母親が有する「母性愛」信奉傾向の主観的な意識 ············ 72
 6-1．問題と目的　**72**
 6-2．方　　法　**74**
 6-3．結　　果　**75**
 6-4．考　　察　**91**

第3部 結　　論

第7章 「母性愛」信奉傾向の研究における成果と課題 ··············· 99
 7-1．各章で得られた知見　**99**
 7-2．「母性愛」信奉傾向の新たな捉え方　**102**
 7-3．結　　論　**104**

7-4．本書の意義　　**107**
7-5．今後の課題　　**110**

文　　献　**115**
初出一覧　**125**
おわりに　**127**
索　　引　**131**

第1部

序　論

♣　第1章　♣♣♣

「母性」・「母性愛」概念の整理と実証研究の意義

＊ 1-1. 目　的

　「母性」・「母性愛」という語が宗教的意味や単なる一般論を超えて着目されはじめて久しい。「三歳児神話」や「母原病」という言説に代表されるように，『「母性愛」の不足』は母親による子どもの虐待という社会問題や子どもの発達遅滞の要因として語られる（例えば久徳，1980）。その一方で，社会が母親を「母性」に縛るがゆえに母親が追い詰められてストレスを抱え込み，結果的に子どもとうまく向き合えないという指摘がある（例えば大日向，2000）。要するに「母性」・「母性愛」概念に対する意味づけは方向性が定まっていないうえに，どちらの立場に拠るとしても社会的な誤解を孕んでいる可能性があり，その誤解を解き明かし「母性」「母性愛」をとりまく実態を把握する必要性があると言えよう。そこで本章では，まず「母性」「母性愛」概念やその類似概念・関連概念について整理を行ったうえで，それがどのように形成されていったかという歴史的文化的背景を探り，次に「母性」・「母性愛」概念を支える理論的なバックボーンである科学的な知見やフェミニズムの理論について概説する。最終的に，本書が目指す「母性愛」概念の実証研究の意義を述べて，次章へつなげていきたい。

＊ 1-2.「母性」・「母性愛」という概念について

　「母性」すなわち"motherhood" "maternity"は「女性が母として持っている性質。また，母たるもの」とあり，この意味の限りでは曖昧模糊とした印象

を受けるが，やはり戸田（1990）が指摘するように「母性」は研究者によっても定義が異なり混乱している。そのような中で，1980年代から国立婦人教育会館が主催した「母性」分科会では「母性」という語の意味整理が始められ（矢木，1991），その結果，①生理学や母子保健における母性，②実際の母子関係における心理的側面に重点をおいた母性（母親役割），③社会から女性一般に期待される社会心理的・文化的母性（宗教的次元での母性も含む）という分類で合意した。しかしながらなお，Nicolson（1999）は「母性」という概念は矛盾という危険に満ちていると示唆している。Apter（1993）も，「母性」それ自体が神話的で魔法じみていて力強い役割としてのイメージを醸し出すと指摘している。

　「母性愛」つまり"maternal love" "mother's love"は，一般的に「母親が持つ，子に対する先天的・本能的な愛情」であり，自己犠牲を真髄とした女性が生まれつき備えている適性，かつ子どもにとっても絶対的で不可欠な特性だと考えられており（大日向，2000），最も崇高な愛情として万人からたたえられてきた（平井，1976）。諸外国にあっても従来，宗教と言っていいほど神聖なものと考えられて（De Vilaine, 1986/1995）きており，人類及び社会にとって好ましい，自然的かつ社会的価値としてたたえられてきた（Badinter, 1980/1998）。そして同時に子どもの発達において最重要なものであると認識されている（Kagan, 1978）。このように，「母性愛」は母親が子どもに対して先天的に有するはずのこの上もなく美しく不可欠な愛情として礼賛されてきたが，それに対して「父性愛」は「父親が持つ，子に対する愛情」という中立的・後天的なものとして認知されている。すなわちApterの指摘にもある通り，「母性愛」は「父性愛」と異なり単に母親の子どもに対する愛情という意味でとどまることはなく，そこに「母性」が含まれることで，先天的であり自己犠牲的であるという意味の付与がなされているのであろう。

＊ 1-3．「母性」・「母性愛」の類似概念・関連概念について

　「母性」つまり"motherhood"はもともと関係性の意味であったのにもかかわらず，近年は「母親の仕事（母親業）」という意味へと移行している（Silverstein, 1991）という指摘がある。すなわちこれが「母性」と類似する概念であり，母親の態度と行動全般を表す「母親業」"mothering"であるが，実際の身の回りの世話だけではなく愛情行動や働きかけ・配慮など子どもとの交流の全てを含む語であり（Sayers, 1991/1993），母親やそれに代わる者が子どもを養育する行為，親から子への働きかけ，ケアといった子どもとの物的心理的交流の全てが含まれる。しかしやはりこの"mothering"も，女性にとって自然で当然なものだと考えられてきたことによって理想化されると同時に蔑まれてきた（First, 1994）。Sayers（1991/1993）も，当今の"mothering"賛美には大きな問題があり，科学や社会に関するフェミニズム理論でも，女は"mothering"をするというだけの理由で他者に共感的で調和的だとされ，"mothering"もその際あやまって理想化されていると指摘している。Kaplan（1997/2000）はこのような"mothering"に対して，その実践面や関係のありようは特定の歴史時点に限って見ても多様さを垣間見せており，現実レベルの詳細部における特性については知りようがないと結論している。例えばAtkinson & Blackwelder（1993）は1900年～1989年に出された雑誌をレビューした結果，1920年代まではジェンダー中立的な"parenting"という論説が優勢であったが，これはこの時期から女性が労働力として参加してきていたことより，著者が"parenting"を用いる方が適切だと判断したためであると述べている。このように"mothering"は"parenting"と同義であっても時代によって使い分けられ，殊に"mothering"を用いる場合には理想化されると同時に，自明のことであるがゆえに価値的に低いものであるとも見なされてきた。

　このような流れとも関連して，母親が子どもに対して自己犠牲的で献身的な愛情を持っていないと思われる場合や子どもがうまく育たない場合は非難の対象となった。この現象が「母性愛」と関連する概念である"mother-blaming"だが，わが国ではそれぞれの母子の状況や背景を顧みずに子育てにおける諸問題の原因が母親であると見なす「母原病」（久徳，1980）として知られている。"mother-blaming"とは母親が子どもの行動や健康や幸福の責任を負うものだとされていたことを表す語であり（Jackson & Mannix, 2004），とくに小児医学の分野において母親の果たす役割を強調し子どもの不適応や精神病理において母親を非難するという傾向があった（Caplan & Hall-McCorquodale,

1985)。その歴史は古く，終戦後の1950年代に性別役割分業が推し進められた際にピークを迎えた（Birns & Hay, 1988）ものの，1970，76，82年におけるメジャーな医学雑誌のレビューの結果，女性運動の高まりが見られた時期であるにもかかわらず，その論法に変化がなかった（Rollins, 1996）。そして後には子どもに対する愛情が過剰である母親が問題視されるなど，時代と共に形を変えつつも常に存在しているものである（Birns & Ben-Ner, 1988）。すなわち"mother-blaming"は「母性愛」と表裏一体であり，母親は子どもに愛情を持ってうまく育てて当然であるがゆえに，子どもが発達不全や問題を起こした場合は原因を全て母親に帰属させバッシングの対象とするのだと思われる。要するに，養育に伴うあらゆる社会的責務を母親だけに押し付けるのである。この"mother-blaming"は「深刻でかつ広範な問題」として捉えられており（Caplan & Hall-McCorquodale, 1985），近年では社会や他者からの"blaming"だけではなく母親自身の"self-blaming"も示唆される（Jackson & Mannix, 2004）など，ますますもって看過できない重大な社会問題と言えるだろう。

＊ 1-4.「母性」・「母性愛」の歴史的文化的背景とは

　以上のように類似概念や関連概念も含め高められてきた「母性」・「母性愛」概念だが，それが理想化され当然視されるに至った経緯として，西欧社会では，12〜13世紀のキリスト教において浸透し13〜15世紀に隆盛を極めたという「聖母信仰」が挙げられよう。この下地に，Darwin（1871/1967）の「女性は母性本能を持っている」という唱えや，Rousseau（1762/1994）による「幼い子どもに惜しみなく愛を注ぐべき」という思想，Freudの「エディプス・コンプレックス」等のさまざまな説が重なり，神聖視・自明視された「母性愛」概念が広く普及していった。わが国でも古代より女性の産み育む力への畏怖の念から生まれた地母神信仰（矢木，1991），それから派生し根強く残る「母性信仰」（大日向，1988）などの民間の伝承や信仰の上に「母原病」などの説が後押しする形で，「母性」・「母性愛」概念が深く浸透していったと考えられる。
　このように「母性」・「母性愛」概念にはさまざまな文化的風土や宗教が介在しているが，さらには時代の政治的経済的要請によっても操作され，強化され

てきたことも指摘される。例えば，産業革命に伴い19世紀に"parenthood"から"motherhood"への移行が始まった（Silverstein, 1991）が，米国でも第二次世界大戦の際は女性も工場などで働く必要があったことから，母親を幼い子どもから離すためにデイケアセンターの設立などが盛んになり，女性は母親になることと就労することの両方を得ることができると言われた（Birns & Ben-Ner, 1988）。そして戦争が終結し男性を就労させる必要が生じると，職場から女性を締め出すため，さらには男女の「分業」を通して経済効率を引き上げるために，性別役割分業すなわち"三歳までは母の手で"を前提とする「母性」観が定着したのである。

　以上のような歴史的文化的背景で「母性」・「母性愛」概念が形成されていったが，次はそれを支える各分野の研究やそれに対する批判を概観する。

＊ 1-5．「母性愛」を支える精神分析学理論とその修正

　「母性愛」を支えるものとして，まずは Freud に始まる精神分析学の理論を挙げることができるであろう。Freud（1905/1955）によると，女性心理の特徴として「マゾヒズム」「消極性」「自己愛」が挙げられ，女性は男性に対する「ペニス羨望」を持ち，その解消のためには妊娠を達成することだと言う。これに対して Deutsch（1944-1945/1964）は，女性の妊娠への願望は，Freud の言う受動性からなるものではなく，子を産む母親の能動的イメージに同一化することによって能動性を得ようとするためだと指摘した。同時に，"mothering"が女の自己価値に負わせる問題には社会的原因もあることに着目した。また，Horney（1924/1982）は，男性には女性に対する「妊娠への羨望」つまり「子宮羨望」が存在するとして，Freud のエディプス・コンプレックスや女性におけるマゾヒズムを批判した。そして，Freud の父権制的偏向に比べて共感的であたたかい「母性」的なアプローチを行ったのが Winnicott である（Sayers, 1991/1993）。彼は，初期の母子関係の重要性を唱え，母親の愛や母子の一体感つまり心理的結合（Winnicott, 1965）を強調した。Winnicott と同じ対象関係理論的な志向を持つ Chodorow は，Freud が主張するエディプス期ではなく前エディプス期における女の子と母親という関係の中に女性が母親

になる能力とその願望とのルーツがある（Chodorow, 1978/1981）とした。また"mothering"における女性の興味に関する生物学的な説明を否定し、Winnicottの"mothering"に関する考え方を応用しつつ修正を加えた。

このように、同じ精神分析学派のFreudやWinnicottの理論に対するDeutschやHorney、Chodorowからの修正が、心理学におけるフェミニズムの草分け的存在となった。次章では、「母性愛」概念の「裏づけ」とされた科学的な知見とその批判について概説する。

＊ 1-6.「母性愛」を支える科学的知見とその反論

「母性愛」概念を確かなものとした従来の科学的な知見として、最も知られているのがBowlby（1952/1967）による「母性剥奪（maternal deprivation）」であろう。Bowlbyは、施設の乳幼児たちの精神的身体的疾患さらには死亡率の高さを見出し、その原因が母性的な養護の剥奪であるという「ホスピタリズム」（Spitz, 1945）や、動物学者であるLorenzが明らかにした鳥類における「刻印づけ」（Lorenz, 1935/1998）という知見から「母性剥奪」理論を説明しようとした。実際、Bowlbyは早期における子どもの特別な愛着行動の対象を母親であるとは特定していない。しかしKlaus & Kenell（1976/1979, 1983）がBowlbyの理論を早期の母子密着の重要性を謳う「ボンディング理論」として発表するに至り、「母性愛」の重要性までもが強化されることになったのである。

しかし1980年代の初頭になりボンディング理論に対する批判が雪崩のように起こった（Eyer, 1992/2000）。具体的にはRutter（1972/1979, 1981/1984）による一連の追跡調査により、「母性剥奪」によって引き起こされたとされた発達遅滞などの症状が施設の刺激面での劣悪な環境や多数の不特定保育者の保育によるものだということが明らかになった。またLamb（1982a, b）も、母子の初期接触がもたらす効果は短時間のみのものであり、実験の手続き上でも問題があると批判を行った。さらにBowlbyの「愛着と喪失」が出版された時期がウーマン・リブ運動の初期にあたっており、この運動に脅威を感じた人々がこの本の内容を援用して、"mother-blaming"と「三歳までは母親が子育てを

担うべきである」という「三歳児神話」を広く主張するという事態が起こった（Morgan, 1994/1998）という。すなわち，Bowlby の母性剥奪理論を中心とした科学的とされる知見により「三歳児神話」が「証明」され，それと関連して「母性愛」概念が裏づけとしての証拠を得たような記述をなされ強化されてきたのである。

　一方，比較的近年の科学的知見の中でも進化学から論を展開している Morgan（1994/1998）によると，妊娠中や出産後しばらくは女性ホルモンの分泌が増え，その化学的成分のせいで，女性の精神状態は普段とは違ったもの，すなわち競争心や自分勝手なところが減り周囲に合わせる気持ちが強くなり，子を産み育てるのに最適なものとなるという。女性ホルモンについては Carter（1998）も，産後の母親の動機づけを支える「母性ホルモン」としてのオキシトシンやプロラクチンなどの内分泌ホルモンの変化を証明している。また，Fleming, Ruble, Krieger, & Wong (1997)，Fleming, Steiner, & Corter (1997) は，出産後初日における母親の応答と行動のいくつかの側面がエストロゲンやコルチゾールなどのホルモンの出産前の濃度によって影響を受けるという結果も提示している。

　進化学・生理学における知見の積み重ねがわれわれの母子関係に何らかの情報を提供しうることに異論を唱えるものはいまい。しかし近年の知見に関しても，遠藤（2001）が指摘するように，生理学的なストレス・センサーや恒常性の維持・調節機能である"hidden regulator"つまり「ハードウエア」と各種心理行動的方略によってストレス対処や情動制御を可能ならしめる"higher-order regulator"すなわち「ソフトウエア」という二つのパスが独立に存在して発達を規定することを認識しなければならない。Morgan（1994/1998）も，女性ホルモンにより母親が影響を受け生物学的には子育ての潜在能力が用意されているにもかかわらず，社会的条件づけが行われなければその能力が発現されないと説明している。要するに，人間は知能が高いだけに，生物として基本的な営みが本能以外のものによって左右される度合が多いということである。同時に，動物実験による結果をもってそのまま人間関係を推論することの限界にも留意する必要がある（例えば Maestripieri, 2001；榊原，2001；大日向，2001）。

これらの科学的知見やその反論により「母性愛」・「母性」概念をめぐってさまざまな見解が述べられてきたが，同じく「母性愛」・「母性」概念に関して意見をたたかわせているのがフェミニズムである。

＊ 1-7.「母性愛」へのフェミニズムの見解と「母性」概念の解体という試み

「母性」・「母性愛」についてのフェミニズムの言説を大まかに分けるならば，本質主義と社会構築主義の二つである（Laborie, 1986/1995；田間, 2001）。Brownson & Gillbert（2002）によると，本質主義者によるジェンダーは個人の日常的なインタラクションや変化や社会政治的文脈から離れて生起する内的過程であり，社会構築主義者によるジェンダーは個人のセックスによって本質的に決定されたり個人内に含まれたりするものではなく，むしろ特定の文化的文脈にある人々の間でのトランザクションによってつくられて再生産されるものであるという。

例えば我が国で1911年に『青鞜』が創刊され女性解放運動が高まったが，その中で女性の経済的自立を重視する与謝野晶子との「母性保護論争」で脚光を浴びた平塚らいてうは本質主義的立場であり，子どもを産み育てる母の仕事は種族の保存に貢献する人類史上価値のあることで，「母性保護」は母として女性の社会的地位の正当さを認めさせるものであると論じた。同じ立場として，エコロジカル・フェミニズムを，男性原理のみで固められた現代を女性原理によって突破口を開こうとする文化革命（青木，1986）と説く青木やよひが挙げられよう。海外では，女性は人に対して愛着を持ち続けることの重要性を認識していて他者を思いやる能力がある（Gilligan, 1982/1986）という点から，普遍性を欠いている従来の男性中心の発達理論に対する異議を唱えたGilliganなどが見られる。

一方，社会構築主義的立場の田間（2001）によると，「母性」は社会の歴史的につくられてきたジェンダーに他ならず多様で可変的なものであるという。すなわち人々に課せられ内面化され，同調が促されると共に逸脱が統制されるべき規範であり，日々の人々の実践によって維持されているという考えであ

る。海外では Butler（1990/1999）が，セックスの自然な事実のように見えているものは，実はそれとは別の政治的社会的な利害に寄与するために，さまざまな科学的言説によってつくり上げられたものにすぎないのではないかと述べている。

　これら二つの主義にはそれぞれ妥当性が認められつつも，どちらも弱点として以下のことを抱えている。Abernethy（2000）によると，母親は意識的あるいは無意識的に文化モデルを受け入れるものであるという。ところが本質主義は「母性」の持つ自然的本質の名において社会的文化的側面を排除しており，対する社会構築主義は生物学的と言える無視できないものについてまったく考慮していない（Leibovici, 1986/1995）。

　当然のこととして，妊娠・出産・授乳などの行為は母親すなわち女性に限定されるのであるが，「母性愛」を高らかに謳う社会では，母親や女性が母子関係や子育ての中に取り込まれ閉じ込められることになりかねないということも事実である。このような見解から，「母性愛」・「母性」という概念からの解放を目指し，新たな概念の創造を試みた研究者もいる。花沢（1992）は「母性愛」の代替として「対児感情」を用い，男性も有する児を肯定し受容する感情である接近感情と児を否定し拒否する感情である回避感情を内包する語として定義した。大日向（2000）も「母性」・「父性」という価値的概念に伴う性差へのこだわりを離れ，親も社会も育ちゆく子どもを支援しようとする共通認識を主張する理念として「育児性」を提唱した。小嶋（1988）は相手の健全な発達を促進するための共感性と技能を表す語として「養護性」，舘（1991）は人間としての社会的仕事，保障されうる基本的人権として「産育権」，原（1991）は種としてのヒトが各社会単位・種全体で次世代を育てていく能力の確保の方法を考える意味，両性の対立を超え共に考え尊重しあいながら次世代へものごとを引きつぐという願いをこめ「次世代育成力」を提案した。内藤（1990）は語の持つ限定性に危惧を抱くことから，「妊娠・分娩・授乳の機能」「幼く弱い存在への共感や愛やいたわり」などの下位概念への置き換えを行うことを主張した。欧米では Caplan & Hall-Mc-Corquodale（1985）が "mother-blaming" 減少を目指し "parent" という用語を "mother" の代わりに使うべきであると述べ，Le Coadic（1986/1995）も父親と母親が仕事の時間と家庭の時間を分

担しあい「母性と仕事」というテーマを「親であることと仕事」というテーマに変えていくべきだと言うなど，新たな概念創造とはいかないまでも概念の置き換えの試みがなされている。

以上のように，概念創造や置き換えにより「母性」・「母性愛」概念の中に母親，女性を閉じこめないようにとする試み自体には大きな意味があるのだろうが，同時にそこに伴う問題もあるのではないだろうか。これらのことも含みつつ，総括と次章以降の展開について述べる。

＊ 1-8．実証研究の必要性とその意義—「母性愛」信奉傾向の提唱とその影響の検証—

果たして，新たな別の概念を想像することによって，社会やその中の母親たちは「母性」概念から解放されうるのだろうか。さらに言うならば「母性愛」の存在と意義を信じる母親にとって，新しい別の概念は現実生活にどのように生かされるのかという言及は充分であろうか。逆に，置き換えや言い換えにより，研究者間での理解・了解が余計に得られなくなるという懸念が生じるとも考えられる。Jackson & Mannix (2004) は，可能な限りサンプルの特徴について正確に知らせることは基本であり，ジェンダーについて曖昧なままで進めていくことは混乱を招くと指摘した。Phares (1992) も，言い換えよりもより重要なことはどちらの親が研究対象となっているかということ，どちらの親にとって効果が見られたかということを明白に言及することだとしている。さらに，言い換えや置き換えをする要因として「母性」・「母性愛」が女性たちに阻害的に働いてきたという言説を提示するのなら，逆に「母性」概念を自ら引き受けて何ら問題を感じていない生活を送っている母親や女性の可能性についても問われるべきである。例えば Morgan (1985/1997) は，人間の女性も赤ん坊と接することに喜びを覚える性質自体が弱まってきているとは信じがたいと述べている。Laborie (1986/1995) も，女も母親となる道以外に自分の人生を考えることができるようになったからといって，女は「母性」を排除しなければならないのだろうかという疑問を投げかけている。

よってさらなる研究が待たれる段階である「母性」・「母性愛」の生物学的基

盤を含め，極めて茫漠とした現今の「母性」概念の検討や「母性愛」の有無に関するこれ以上の議論は不毛であると考えられる。同時に，素朴理論に染み込んだ「母性」概念がある限り，母親が母親としての資質を問われたり「母親」へのイメージが現実を離れて一人歩きしたりする可能性も考えられることから，「母性」・「母性愛」を重要な問題として研究を進めていく必要も間違いなくあるだろう。例えば，大日向（2000）は「母性」・「母性愛」概念さらには「母性愛神話」が社会にもたらす弊害に関する指摘を行った。そしてMcCartney & Phillips（1988）は，母親が就労のために子育ての公共サービスを利用することに対する社会の忌避について言及した。ゆえに，われわれの間に流布している「母性愛」なるものを信奉しそれに拘泥する態度を心理学的に吟味し，それが社会に与える影響を実証的に研究することの方が「母性」・「母性愛」を再考するためにもより有効だと言えるのではないだろうか。

　「母性」に関する実証研究としては大日向（1988）の研究が代表されるが，伝統的母性観が女性の育児に対する姿勢に影響を与えるということは示唆しつつも，本人が指摘しているような「母性愛神話」が引き起こす影響を実証的に明らかにしたとは言えず，さらに母親の養育に実際のところどう作用するかについても検証していない。一方，花沢（1992）や平井（1976）は「母性」・「母性愛」の存在を前提として研究を進めており，やはり母子関係や実際の養育状況への影響についての言及は行っていない。海外でも母親の就労や父親の影響力という点から「母性」を問い質す研究は多く散見されるが，「母性」・「母性愛」に関する研究では花沢や平井と同様，その準備性や身体内の変化を追いやすい妊産婦を対象とした研究が多い。これらの研究は，「母性」及び「母性愛」の"規定因（determinant）"を調べるものであり，「母性」や「母性愛」というものが何らかの作用をしうる可能性の検討，つまり"帰結（outcome）"を探ることは行っていない。

　このようなことから，「母性」や「母性愛」という概念が，実際の養育場面に及ぼす影響を探る実証的な研究を行う意義および必要性があると考えられる。したがって，本書では，「母性愛」を信じ込み引き受ける傾向を「『母性愛』信奉傾向」という概念として提唱し，これが母親の子どもに対する養育態度にどのような影響を与えるのかということについて，検証を行っていく。な

お，本書における具体的な研究の枠組みについては，次節で述べる。

✻ 1-9．本書の構成

　本章では，これまでの節において，「母性」・「母性愛」という概念が現実の養育場面に与える影響を実証的に研究していくことが重要だと述べた。その検証のために，本書の構成として3部・7章を想定した。その中でも本論となる第2部を模式的に示したものが Figure 1-1 である。

　第2部第2章では，「母性愛」を信じ込む傾向，すなわち「『母性愛』信奉傾向」を測定するためのものさしである尺度を作成する。無論，そこでは信頼性と妥当性の検討も肝要であろう。

　次に，第3章から第5章では，実際に「母性愛」信奉傾向が母親の養育態度に影響するという仮説を検証していくわけであるが，その際に，養育態度を反映する一指標として，母親の子どもに対する感情制御と感情表出を想定した。これは，近年の研究において，養育行動そのものを問題とするよりも，例えば家庭での情緒的雰囲気（Cassidy, Parke, Butkovsky, & Braungart, 1992）や親の感情表現（Isley, O'Neil, Clatfelter, & Parke, 1999）と子どもの発達との関連についての研究が散見されるようになり，その重要性も証明されつつあるからである。とくに，感情制御に関しては，村本（1994）や大日向（2000）が説いているように，「母親としての理想像」を抱くために，それに合わせて無理を

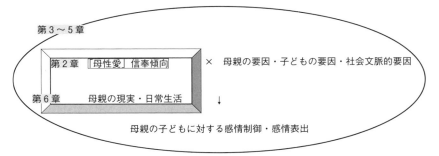

Figure 1-1　本書第2部における研究の構造

してしまう反動として感情や衝動をコントロールできない母親の存在がある。そのようなことから，母親の養育態度の中でも，感情表出と感情制御を変数として取り上げる必要があると考えた。

ここで，「母性愛」信奉傾向と母親の養育態度との関連性が検証できたと仮定したうえでさらに考えなければならないことについて述べる。氏家（1996）や大日向（2001）が指摘しているように，その検証が行われたと同時に，果たしてその結果は母親のリアルな現実に迫っているのかという問題が生じてくる。そこで，最後に第6章として，子育て期にある母親において「母性愛」信奉傾向が個人の中にどのように浸透しているのかということを調べることとしたい。

以下では，それらの研究計画をより具体的に細分化して示すため，以下に続く本文と Table 1-1 において，各章で実際に行っていく研究について，その内容を簡単に示す。

第1部第1章である本章では，「母性」および「母性愛」という概念の整理を，その類似概念なども含めて行ったうえで，「母性」・「母性愛」概念が形成されるに至るまでの歴史的な背景や科学的な知見を概観してきた。そして最後に，「母性」・「母性愛」の有無や是非について論じていくことの不毛性を訴え，「母性」・「母性愛」概念が実際に母親たちを左右する可能性や養育場面へ

Table 1-1　本書の構成と各章の内容

第1部　序論	
第1章（本章）	「母性」・「母性愛」概念の整理と実証研究の意義
第2部　本論	
第2章	「母性愛」信奉傾向の提唱と尺度の作成
第3章	「母性愛」信奉傾向と母親の原因帰属傾向
第4章	「母性愛」信奉傾向と子どもの発達水準
第5章	「母性愛」信奉傾向と就業形態および職業満足度
第6章	母親が有する「母性愛」信奉傾向の主観的な意識
第3部　結論	
第7章	「母性愛」信奉傾向の研究における成果と課題

の影響を探るという"帰結"についての研究の必要性と意義を唱えた。

　第2部第2章では，「母性」・「母性愛」概念についての実証的な研究を行ううえで必要となる，「『母性愛』信奉傾向」という概念を提唱し，操作的な定義を行ったうえで，「『母性愛』信奉傾向尺度」を作成し，信頼性および妥当性の検討を行う。すなわち，第3章以降に実証的な研究を行っていくために必要不可欠な尺度を完成させ，第3章以降の大まかな研究計画も述べる。

　第3章では，養育者の養育態度を規定する三つの要因の中でも「母性愛」信奉傾向と同様に母親自身の要因である「原因帰属傾向」に焦点を当て，「母性愛」信奉傾向と原因帰属傾向とが交絡することにより，母親の子どもに対する感情制御に何らかの影響を与える可能性を検討していく。その際の調査は，アンケートによって行う。

　第4章では，養育者の養育態度を規定する要因の中で，子どもの要因である「子どもの発達水準」を取り上げ，「母性愛」信奉傾向と子どもの発達水準とが交絡することにより，母親の子どもに対する感情制御に影響を与える可能性の検討を行う。調査はアンケートによって行う。

　第5章では，養育者の養育態度を規定する最後の要因である，社会文脈的要因である「母親の職業」について，就業形態と職業満足度の両方を問題とする。そして「母性愛」信奉傾向と母親の職業要因とが交絡することにより，母親の子どもに対する感情表出に影響を及ぼすかどうか，検証を行っていく。第3章および第4章と同様に，アンケート調査によって検討する。

　第6章では，第3章から第5章までで取り上げてきた，量的な尺度として扱った「母性愛」信奉傾向を質的な面から検討し，実際に母親は「母性愛」信奉傾向をどのように捉えているのか，感じ方をしているのか，果たして量的な高・中・低という枠組みだけで分けられるのか，ということを探りたい。すなわち，母親が抱いている「母性愛」信奉傾向についての主観的な意識と子育ての現実や，それとかかわる複雑な心理過程を詳細に検討するため，育児中の母親に対してインタビュー調査を行い，そこから結果を導く。

　第3部第7章は，第2章から第6章までで得られた結果をもとに，「母性愛」信奉傾向と養育態度との関連性について結論を述べる。その際は，第3章から第5章までのアンケート調査と，第6章でのインタビュー調査をもとにし

て，その成果と課題を中心に統合的な議論を行っていきたい。そして最後に，第2部本論で得られた結果をどのように子育てという現場へ還元するのか，また，逆にどのような点が不足していて今後の課題として挙げられるのか，総合的に考察していく。

　本書はこれらの章を経て，「母性愛」信奉傾向と養育態度，具体的には養育状況における母親の感情制御・感情制御との関連について実証的に検討していく。

第 2 部

本　論

♣ 第2章 ♣♣♣

「母性愛」信奉傾向の提唱と尺度の作成

✳ 2-1. 問題と目的

　第1部第1章では，「母性」や「母性愛」という概念を整理したうえで，それが実際の養育態度や親子関係に与える影響を検証することの必要性を述べた。そこで，本章では「母性愛」という概念がどういう帰結をもたらすのかという実証的な研究を行うにあたり，「『母性愛』を受け入れて信じ込む傾向」である「『母性愛』信奉傾向」という新たな概念を提唱し，「母性愛」信奉傾向を測定しうる尺度を作成することを目的とする。

　第1章でも述べてきたように，「母性」・「母性愛」はその概念の定義が曖昧である（例えば花沢，1992；大日向，1988）。また，「母性本能」・「母性意識」などという判別しがたい語が錯綜しながらもそれぞれが自明のものとして扱われている傾向が見られ，またそれぞれの研究においてその語を用いた根拠も見えにくくなっており，実際，「母親」や「母性」という概念が「母親業」に関する概念へと移行している（Schwartz, 1994）。しかし戸田（1990）によると，研究者がそれぞれの研究において何をもって「母性」の指標としているのか，「母性」をどう捉えているのか，ということによって，結論が大幅に異なってくる可能性があるとしている。だからこそ，本章において，「『母性愛』信奉傾向」を操作的に定義することがまずは肝要であろう。

　「『母性愛』信奉傾向」という概念の特徴としては，以下の三点が挙げられる。まずは，「母性愛」自体の存在の有無を問わないという点である。第1章でも触れてきたように，女性，母親一般に「母性愛」が存在するのかどうかという議論は不毛であると考える。そのため，「『母性愛』信奉傾向」は「母性

愛」の有無に関してはどちらも前提とはしない。次に，「母性愛」についてのポジティヴ・ネガティヴの意味づけを前もって行わないという点である。これについては，概念に対する研究者自身のプラス・マイナスというイメージなどのバイアスが，データにおける解釈と提示に影響を与えうるという指摘（例えば Greenwald, Pratkanis, Leippe, & Baumgardner, 1986; Phares, 1993）もなされている。さらに，「母性愛」概念に縛られて子どもとうまくかかわれない母親がいる一方で，「母性」を自ら受け入れて"mothering"を楽しんでいる母親も存在する可能性も考慮されることから，本論では，「母性愛」という概念について前もって正負のイメージを固めずに研究を進めていく。「『母性愛』信奉傾向」の最後の特徴としては，単に「子どもが好き」や「子どもは大事である」という項目に代表されるような従来の概念とは異なり，ある種の強迫的な思い込みを想定している点である。つまりは，母親が抱く子どもに対する感情や具体的な行動ではなく，養育信念を表している。これは，「母性愛」を母親の感情などの「状態」として捉えるのではなく，「母性愛」というものに対する信念を抱いている程度を母親の個人差として抽出し，それが実際の養育場面でどのような影響を及ぼすかという因果関係の検証を目指しているからである。

　本章では，これらの特徴を踏まえたうえで，「『母性愛』信奉傾向」を「社会文化的通念として存在する伝統的性役割観に基づいた母親役割を信奉しそれにしたがって育児を実践する傾向」と操作的に定義をし，これを十分測りうる尺度の開発を試みる。

✴ 2-2. 方　　法

調査対象者
　2歳～6歳の子どもを持つ母親183名であった。母親の平均年齢は，34.7歳（範囲：23-48歳，　*SD*=3.92）であった。就業状態は，常勤職が33名（18％），パートタイムが51名（27.9％），就業していない者が97名（53％）であった。
調査手続き
　福岡県内の幼稚園および保育園，合計3園に調査への協力を依頼し，園ごと

に質問紙を配布・回収した。母親にはそれぞれアンケートへの回答が強制でないことを質問紙に明示した。調査は2001年6月15日から同年7月6日の間に行った。

調査項目

母子の年齢，母親の就業状態などのフェイスシート項目の他，以下の尺度を使用した。

「母性愛」信奉傾向（原案）　母性理念質問紙（花沢，1992）の15項目および母性意識尺度（大日向，1988）らの9項目を「『母性愛』信奉傾向」の定義を反映させて改作したものの他，著者が独自に作成した11項目を含み，計35項目である。これらの項目について回答させる際，好ましい，好ましくない，良い，悪いという答えは一切ないということ，現在の考え，気持ちに一番近いものを深く考えずに選ぶようにということを教示し5件法で評定させた。

平等主義的性役割態度尺度（SESRA）　鈴木（1987）が作成した40項目のうち，第1因子の負荷量が.50以上である17項目を使用した。尺度内容は，平等的な性役割態度について測定するものである。伝統的な性役割態度の一端として想定される「母性愛」信奉傾向と強い負の関係にあるだろうとして基準関連妥当性を測りうると考えた。5件法で評定させた。

M-H-Fスケール　伊藤（1978）が作成した性役割観について測る尺度であり，男性性・人間性・女性性を表す形容詞からなっている。全ての形容詞の中から「自分にとってどの程度重要であるか」という設問をし，重要な順に形容詞を選ばせた。男性性を表すM得点とは負の関係，女性性を表すF得点とは正の相関関係があると想定して同時に評定させた。

また，以下の設問も設定し自由記述を求めた。自由記述に回答したのは，設問①では121名，設問②では112名であった。これらの設問に対する回答のパターンと「母性愛」信奉傾向尺度の得点とを比較することで，「母性愛」信奉傾向尺度の構成概念妥当性を測りうると考えた。

設問①　あなた自身が子育てにおいて「こうするべきだ」と思われることはありますか。（以下，「こうするべき」と表記する。）

設問②　母親として「こうあるべきだ」と考えておられることはありますか。（以下，「こうあるべき」と表記する。）

2-3. 結　果

尺度の検討

　因子分析　「母性愛」信奉傾向尺度（原案）35項目における全データについて主成分分析を行い，固有値の因子スクリープロットテストにおける後続因子との差から一次元性が判断された（因子スクリープロットについてはFigure 2-1 参照）。初期解における第一主成分25項目での説明率は36.4%である。α係数の値を考慮しても近似した内容の項目からなると想定されたため，より精度の高い項目である成分負荷が.60以上の12項目を採用し，信頼性の検討および妥当性の検討を行うこととした。Table 2-1 にはその12項目のみを示した。なお，「母性愛」信奉傾向尺度12項目の合計得点の平均値（SD）は35.3（8.6）であった。

　信頼性の検討　12項目は Cronbach $\alpha=.90$ であった。

　妥当性の検討　基準関連妥当性の併存的妥当性について，「母性愛」信奉傾向尺度12項目の評定値の加算得点と SESRA および M-H-F スケールの尺度得点との連関によって判断された。その結果，SESRA とは $r=-.57$ であり，M 得点とは $r=-.20$，F 得点とは $r=.26$ でそれぞれ1%水準で有意な相関が見られた。それらの結果は Table 2-2 に示した。

　また，構成概念妥当性の収束的妥当性も検討するため，設問①と②について

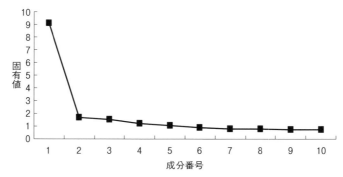

Figure 2-1　「母性愛」信奉傾向尺度（原案）の因子スクリープロット

2-3. 結　果

Table 2-1 「母性愛」信奉傾向尺度主成分分析結果

項目	成分	共通性
18. 母親であれば，育児に専念することが第一である。	.78	.60
19. 育児は女性に向いている仕事であるから，するのが自然である。	.74	.54
17. わが子のためなら，自分を犠牲にすることができるのが母親である。	.72	.52
13. 子どものためなら，どんなことでもするつもりでいるのが母親である。	.70	.48
14. 子どもを産む母親だからこそ，子育ては何にもさしおいて母親が行うべきことである。	.68	.47
21. 子どものためなら，たいていのことは我慢できるのが母親である。	.66	.43
31. 育児に専念したいというのが，女性の本音である。	.65	.42
29. 何といっても子どもには産みの母親がいちばん良いのである。	.64	.40
22. 母親の愛情ほどに偉大で，気高く無条件なものはない。	.63	.40
10. 母親になることが，女性にとって存在のあかしと見なされる。	.61	.38
26. 子どもを産んで育てるのは，社会に対する女性のつとめである。	.61	.37
33. 子どもが小さいうちは，母親は家庭にいて子どものそばにいてやるべきである。	.61	.37
寄与率（％）	27.1	

注）項目番号は，原案35項目における質問紙での番号である。

Table 2-2 「母性愛」信奉傾向尺度と関連尺度との連関

	SESRA 得点	M 得点	H 得点	F 得点
「母性愛」信奉傾向尺度得点	−.57**	−.20**	−.06	.26**

** $p < .01$

の回答をKJ法に準じた方法でコード化し，最初は小さなカテゴリに分けた。そして徐々に大きなカテゴリを生成していき，最終的にそれぞれの設問で4つのカテゴリに分類した。次に，それぞれの設問において，全ての回答の30％にあたる分について，心理学を専攻する大学院生との評定者間一致率を出したうえで，それぞれのカテゴリにおける「母性愛」信奉傾向得点の差を調べた。

　その結果，設問①「こうするべき」における回答を，グループA：「自信を持った子育て」，グループB：「しつけ重視」，グループC：「子どもへの愛情・献身」，グループD：「子どもの意思尊重」の4カテゴリに分類した。評定者間

Table 2-3 設問①「こうするべき」におけるカテゴリ説明と「母性愛」信奉傾向尺度得点

グループ名	説明	人数	平均値	標準偏差
A:「自信を持った子育て」 具体例	「こうするべき」というのはなく，自信を持って子どもと向き合う。 自分に自信を持って子どもと接する，十人十色なので気にしない	31	32.0	9.2
B:「しつけ重視」 具体例	育児の中でも，子どもへの「しつけ」がとくに重要だと考える。 子どものしつけは親の責任，物事の善し悪しはちゃんと教える	37	34.5	8.8
C:「子どもへの愛情・献身」 具体例	子どもへの愛情の表現や子どもとの時間をつくることが大事だと考える。 できるだけ子どもと一緒にいてあげる，スキンシップやコミュニケーションが大事	21	38.6	7.8
D:「子どもの意思尊重」 具体例	子どもを一人の人間として信頼し，その意思の尊重が大事だと考える。 子ども自身の考えや行動を尊重する，子どもを信頼する	32	37.4	8.4
合計		121	35.3	8.9

Table 2-4 設問②「こうあるべき」におけるカテゴリ説明と「母性愛」信奉傾向尺度得点

グループ名	説明	人数	平均値	標準偏差
E:「こだわりからの脱却」 具体例	「母親」としてのこだわりを持たないことが重要であると考える。 決め付けないことが大事，自分自身が幸せであることが大切	29	31.6	8.4
F:「子どもの教育係」 具体例	母親は，子どもの手本になり導いていく存在である必要があると考える。 子どもの手本となるようにする，親は子どもに尊敬されるべきである	19	38.2	8.5
G:「受容的な存在」 具体例	母親は，子どもを理解し慈しむような受容的な存在であると考える。 子どものよき理解者でありたい，何をするにも子どもに愛情を持って行う	44	35.3	9.3
H:「人間としての要求」 具体例	「母親」という枠組みではなく人間一般としての美徳を自分に課す。 いつも正直であるべきである，心身ともに健康でありたい	20	35.6	7.6
合計		112	34.9	8.8

一致率は $\kappa = .82$ であった。それぞれのカテゴリにおける人数と説明，および具体例と「母性愛」信奉傾向の尺度得点は Table 2-3 に示した。グループ間における「母性愛」信奉傾向尺度得点の高低を比較するために，一元配置の分散分析を行った結果，カテゴリの主効果が認められた（$F(3, 117)=3.25$, $p<.05$）。Tukey 法による多重比較の検定により，グループ A とグループ C との得点の間に有意差が見られた（$p<.05$）。

設問②「こうあるべき」における回答は，グループ E：「こだわりからの脱却」，グループ F：「子どもの教育係」，グループ G：「受容的な存在」，グループ H：「人間としての要求」の 4 カテゴリに分類した。評定者間一致率は $\kappa = .80$ であった。それぞれのカテゴリにおける人数と説明，および具体例と「母性愛」信奉傾向の尺度得点は Table2-4に示した。カテゴリ間における「母性愛」信奉傾向尺度得点の高低を比較した結果，カテゴリの主効果について，有意傾向が認められた（$F(3, 108)=2.41$, $p<.10$）。Tukey 法による多重比較の検定により，グループ E とグループ F との得点の間に有意傾向が見られた（$p<.10$）。

✻ 2-4. 考　察

本章では，「『母性愛』信奉傾向」を測りうる「母性愛」信奉傾向尺度を作成し，その信頼性と妥当性を確認することが目的であった。尺度項目の選定および作成においては，「『母性愛』信奉傾向」の定義である「社会文化的通念として存在する伝統的性役割観に基づいた母親役割を信じそれに従って育児を実践する傾向」を十分に反映させた結果，原案として35項目を選定し，調査を行った。

主成分分析の結果，Table 2-1 に示した12項目を「母性愛」信奉傾向尺度として採択し，信頼性と妥当性の検討を行った。信頼性は Cronbach α で算出し，$\alpha=.90$ であることから，内的整合性は十分に高いと言える。

妥当性については，基準関連妥当性は既存の尺度との相関を算出することで検討を行った。その結果，平等的な性役割態度を示す SESRA との相関係数は $r=-.57$ ということでかなり高い負の相関関係が認められた。これは，「母性愛」信奉傾向が伝統的な性役割観に基づいたものであるという定義を満たすもので

あるため,「母性愛」信奉傾向尺度の基準関連妥当性が認められたと言えるだろう。しかし,性役割観を測定するM-H-Fスケールの,M得点とF得点ではそれぞれ有意ではあるものの,それほど高い相関関係は見られなかった。このように,M-H-Fスケールとの相関が弱いものであったのは,尺度項目に「大胆な」(M得点)・「おしゃれな」(F得点)などに代表されるように,「母性愛」信奉傾向,すなわち伝統的な母親役割観との連関が必ずしも想定されないものが含まれていたためであろう。

　構成概念妥当性の検討は,設問①:「あなた自身が子育てにおいて『こうするべきだ』と思われることはありますか。」ならびに設問②:母親として『こうあるべきだ』と考えておられることはありますか。」に対する自由記述による回答をカテゴリ化し,それによって分けられたグループごとの「母性愛」信奉傾向の尺度得点を比較することによって行われた。その結果,設問①ではグループA:「自信を持った子育て」とグループC:「子どもへの愛情・献身」との間で有意差が認められた。つまり,子育てにおいては何よりも子どもへの愛情と子どものために尽くすという気持ちが必要であるという考え方のグループCが,子育ては十人十色なので気にせず自信を持って向き合う方がいいというグループAよりも「母性愛」信奉傾向が高いという結果であるが,これは「母性愛」信奉傾向の定義を反映していることから十分に妥当性が高いものであると考えられる。グループBは「母性愛」信奉傾向が定める母親役割の信奉と言うよりも,「親としての責任」という面を重視していることから,得点に差がなかったものと思われた。また,グループDも,「子どもを大切にする」という点ではグループCと同じであるが,どちらかといえば子どもを一個の独立した人間として捉え,母親である自分とも対等に見なしている点で異なるからだろう。次に,設問②であるが,グループE:「こだわりからの脱却」とグループF:「子どもの教育係」との間で有意傾向が見られた。有意傾向であることから断言はできないが,母親としてのこだわりを持たないことが重要であるというグループEが,母親は子どもの手本となるべきである,尊敬されるべきであるというグループFよりも「母性愛」信奉傾向が低いという結果から,これも,「母性愛」信奉傾向尺度の妥当性を支持するものであろう。この場合,グループFは,「母性愛」信奉傾向の持つ特徴のひとつであると考えら

れる「育児に対する動機づけの高さ」を反映していると見ることができる一方で，現代の母親に見られる，子どもの「人格形成」をリードするべきパーフェクトマザーを目指している（広田，1999）姿のあらわれとも捉えられるからである。ところで，グループH：「人間としての要求」は「母性愛」信奉傾向が高い，もしくは低いという特徴は見られなかったが，これも「母親として」というよりは「人間として」の美徳を自分自身に課していることから当然であると言える。しかしながら，子どもを理解して愛情を示す受容的な存在でありたいとするグループG：「受容的な存在」についても，「母性愛」信奉傾向の高低の特徴が見られなかった。これは，グループFと異なり，どちらかといえば受動的な意味を持つからではないだろうか。つまり，母親が子どもに対して意識的に働きかけるという能動的な性質ではなく，子どもが主体であり，親としてそれを受け止めたいというあらわれであると思われる。ゆえにこの結果より，「母性愛」信奉傾向は母親から子どもに対する能動的な働きかけを重視するという意味を持つ可能性も示唆されよう。

結　　論

　以上より，信頼性・妥当性共におおむね認められたと考え，Table 2 - 1 の12項目を「母性愛」信奉傾向尺度として決定した。次章からは，「母性愛」信奉傾向尺度を実際に使用し，その高さや低さがどのように養育態度に影響を与えるのか，次章以降で検証を行っていく。

　その検証にあたって留意する点として，本書は「母性愛」信奉傾向が直接的に，単独で育児に阻害的な影響をもたらすという影響過程を想定しない。これは，「母性愛」信奉傾向とも通じると考えられる，子どもに対する肯定的・積極的な意識が母親自身に継続的によい影響を与えている（平井，1976）という知見もあるからである。さらに，伝統的母親役割の肯定と，以後の養育や母子関係にも影響を与えると想定される妊娠認知時のポジティヴな感情とが関連している（花沢，1992）という研究もある。ゆえに，「母性愛」信奉傾向の高さはある意味，本章でも結果のひとつに見られたように，養育に対する高い意識や動機づけに通じ，「母性愛」信奉傾向が高くても子どもと良好な関係を築いている母親も多いことが考えられ，それ自体にネガティヴな要素は含まれないと判断されるためである。一方で，大日向（2000）らが主張しているように，

やはり「母性愛」信奉傾向は養育態度に直接的に単独でポジティヴな影響を及ぼすとも言いがたい。そこで，養育態度の規定因としてはBelsky（1984）が唱えるように，養育者自身の要因，子どもの要因，社会文脈的要因の三つが挙げられることから，本書は「母性愛」信奉傾向が，母親自身のある人格特性や子ども自身の特質や発達状態など他の要因の状況によってネガティヴな養育行動を引き起こすという影響過程を想定し，その検証を順に，次章以降で行うこととしたい。

♣ 第3章 ♣♣♣

「母性愛」信奉傾向と母親の原因帰属傾向

✳ 3-1. 問題と目的

　本章では，第2章においてその概念を述べて操作的に定義した「母性愛」信奉傾向が，母親自身の他の要因と交絡することで母親の感情制御にどのように影響を与えるか，検討を行う。養育者の要因としてはBelsky（1984）でも指摘されているように養育者のパーソナリティやそれに影響する養育者の生育歴などが考えられるが，本章では中でも母親の「原因帰属傾向」を取り上げる。成功や失敗などの事象が起こった原因をどこに置くかという認知の仕方を原因帰属（Weiner, Heckhausen, Meyer, & Cook, 1972）と呼ぶ。原因帰属理論は個人がその事象が起きた原因を自分の中に帰属するか自分以外のものに帰属するかという原因の所在"locus of control"（Rotter, 1966）と，その原因が固定的なものであるか変動するものであるかという安定性"stability"（Weiner, Heckhausen, Meyer, & Cook, 1972）の二次元で多く語られてきた[1]。例えば，通常われわれは自分や家族，友人などの親しい人間の場合は自己奉仕的バイアス（self-serving bias）が働き（Gould & Sigall, 1977），ポジティヴな状況は内的・固定的に原因帰属し，ネガティヴな状況は外的・変動的な原因帰属を行う（Taylor & Koivumaki, 1976; Zuckerman, 1979）ことが明らかにされている。

　1）　Weiner（1979）はその後，原因の所在と安定性の他に，統制可能性（controllability）という次元を加えた。さらに，意図性（intentionality）・広範性（globality）の二次元も加えた五つの原因次元を提唱したが（Weiner, 1986），必ずしも全ての次元の組み合わせを考えることはできないため，原因の所在・安定性・統制可能性の三次元で議論することが一般的になっている。

そのような流れの中で，子どものある行動や子どもをとりまくある状況に対する親の原因帰属を問題にすることにより，養育や親子関係にアプローチを試みる研究も行われてきた。そのアプローチにおいて最も多く散見されるのが，自分の子どもの行動を引き起こす原因について，原因の所在という次元に焦点を当てた研究である（Himelstein, Graham, & Weiner, 1991）。

自分自身や親しい者に対する原因帰属と同様，母親は一般的に自分の子どものポジティヴな行動や outcome は内的に原因帰属し，子どものネガティヴな行動や outcome は外的に原因帰属する傾向にある（Gretarsson & Gelfand, 1988），つまりは自己奉仕的バイアスが働く。しかしながら母親が自分の子どもを「育てにくい」と認知している場合や児童虐待に陥ってしまう母親の場合はその逆であり，ポジティヴな行動は外的に帰属しネガティヴな行動は内的に帰属するという，自分の子どもに対してというよりもむしろ競争相手や嫌いな人物に対するものと同様の原因帰属パターンを示したという（Gretarsson & Gelfand, 1988; Larrance & Twentyman, 1983）。

もっとも以上のような研究は，養育者の原因帰属の個人差が子どもに対する認知や養育態度の違いにどのように作用するかということを扱ったものではない。しかし，それに関するいくつかの実証研究はこれまでに既に興味深い知見を得ている。例えば，子育てにおける失敗について，環境のせいではなく自分のせいだと認知する，つまりは自罰的に判断する母親は子どもに対してネガティヴな感情を向けやすいという知見を得ている Bugental, Blue, & Cruzcosa (1989) の研究は，母親の原因帰属傾向が子どもに対する感情に影響を与えるという方向性を明確にし，検討を行ったという点で評価できると言えよう。

このようなことを踏まえつつ，養育状況を表す一指標として怒りという感情の制御について想定し，本章では以下のような仮説を設定する。自分と子どもとの間に生じた失敗場面をたまたま起こったことと考える，要するに偶然性に原因帰属するような母親で，「母性愛」信奉傾向が高い場合は，怒りという感情を相対的に経験しにくい。しかし，「母性愛」信奉傾向が高くても失敗場面を子どものせいにする母親は，怒りをより経験しやすく，制御しにくくなると考えられる。なぜなら，失敗がたまたま起こってしまったのだと考える場合，「母性愛」信奉傾向の高さ，つまり子どもに対する強い意識や母親である自分

に対する強い役割観は，子どものせいではない，責めてはいけないという意識と協働すると考えられ，子どもに対する怒りを抑制する，つまりはポジティヴな影響を与えるであろうが，一方で「母性愛」信奉傾向が高いということは，それだけ子育てや子どもに対する意識・関心が高いということであるため，その分，失敗を子どものせいだと見なすことにより，子どもに対する怒りをより強く感じ，その制御もしにくくさせる，すなわちネガティヴな働きをすると想定できるからである。しかし，「母性愛」信奉傾向が低い場合では母親であることに対するこだわりや子どもに対する意識や関心も相対的に低いと考えられるため，失敗が偶然のものであると考える母親の場合だけでなく，子どもが失敗したと考える母親の場合でもそれにあまりこだわらないと想定される。ゆえに，怒りを感じる程度や制御できる傾向はどちらの原因帰属の場合でも同様のものであると想定する。また，成功事象に関する場面を設定するにあたり，原因帰属傾向と関連する母親の心理的特性として自分の子どものコンピテンスに対する信頼感を取り上げた。これは Larrance & Twentyman（1983）の研究を参考にしたものである。母親は通常子どもに対しては自己奉仕的バイアスが働くため原因帰属傾向も成功事象に対しては内的なパターンを示すが，それと同様に母親は子どもが課題を行う場面においては，自分の子どものコンピテンスに対する信頼感・期待感も高いということが明らかにされている。したがって，自分の子どもに対する信頼感が高い場合，「母性愛」信奉傾向の高さは子どもの遂行結果すなわち子どもに対する怒りを低減させる，つまりはポジティヴな働きをすると考えられる。その一方で子どもに対する信頼感が低いと，子どもに対する関心や意識も高い分の「失望」・「裏切り」という意味合いも持ち，怒りを強く感じさせ，制御を困難にさせる，つまりはネガティヴな作用をすると想定できる。しかし，「母性愛」信奉傾向が低いと，もともと子どもに対する意識や関心が相対的に低いと考えられるため，子どもに対する信頼感の違いにより怒りの感情制御は左右されないと予測する。さらに本章は子どもの正負のパフォーマンスを，日常的な文脈上での仮想場面をあえて設定するということで，より現実に即した結果を導き出せるのではないかと考えた。そのため原因帰属スタイルとしても先行研究に忠実にならった次元をそのまま示さずに，その場面において原因としてより容易に想定可能な選択肢のみを提示し

た。具体的には母子間での失敗場面と自分の子どもと他の子どもとの間での成功場面を，先行研究を参考に設定した。

本章はこれらの仮説を検証することで，母親の「母性愛」信奉傾向が，自分の子どものある場面に対する母親の原因帰属傾向と結びつくことによって，母親の子どもに対する感情制御に何らかの作用を及ぼす可能性を検証する。

＊ 3-2. 方　　法

調査対象者

　2歳〜5歳の子どもを持つ母親724名[2]であった。母親の平均年齢は，34.5（範囲：24-48歳，$SD=3.85$）であった。就業状態は，常勤職が107名（14.8％），パートタイムが84名（11.6％），就業していない者が527名（72.9％）であった。

調査手続き

　福岡県内の幼稚園および保育園，合計9園に調査への協力を依頼し，園ごとに質問紙を配布・回収した。母親にはそれぞれアンケートへの回答が強制でないことを質問紙に明示した。調査は2001年10月31日から同年12月7日の間に行った。

調査項目

　母子の年齢，母親の就業状態などのフェイスシート項目の他，以下の尺度を使用した。

　「母性愛」信奉傾向　　第2章において示した「母性愛」信奉傾向尺度12項目について，各項目を5件法（ぜんぜんそう思わない：1〜その通りだと思う：5）で回答を求めた。

　原因帰属傾向　　以下のような具体的なシナリオを作成し，それぞれに答えさせた。〔シナリオ1：あなたが自分の子どもにお茶碗を手渡したとき，子どもがそれを床に落として割れてしまった。どうしてそうなったのだと思われますか。A. たまたま；B. 自分の渡し方が悪かったから；C. 子どもがちゃんと受

---

[2]　母親の就業状態については，分布が偏っているうえに各就業形態群による原因帰属傾向の違いが見られなかったことより，本章では各就業群を全部込みにして分析・検討を行った。

け取らなかったから〕これは，子どもと母親の間である失敗が起きたが，その原因を判断しかねる，つまり曖昧であるという場面を独自に作成し，それについて偶然性，自分自身（母親），子ども，のうち誰が（何が）原因であると思うのかということを選択させるというものである。なお，このシナリオは宮本（1982）を参考にした。

次に，自分の子どものコンピテンスに対する信頼感を問うたシナリオ2を示す。〔シナリオ2：二人の子どもが競争している。どうやら片方の子どもがパズルを先に完成させたらしい。もう片方の子どもはまだパズルをやっている。どちらの子どもが自分の子どもだと思われますか。A.パズルが完成した子ども；B.パズルをまだやっている子ども〕これは，自分の子どもと他の子どもが同じ行動をとっていて，そのどちらかが成功するという場面を設定し，それについて自分の子どもは成功した方か，しなかった方かと思うのかということを選択させるものであった。

怒り表出制御　　鈴木・春木（1994）による怒りの表出・怒りの抑制・怒りの制御からなる三因子構造の尺度で24項目，4件法である。怒りの感情制御不全という変数を測るために，怒りという感情をどの程度表出してしまうか，または抑制しようと努めるかということを測りうる本尺度を用いた。本章ではこれを母親の，子どもに対する怒りの感情制御について調べるために用いた。回答に際し，子どもに対するこの頃の気持ちについて回答するようにと教示した。

＊ 3-3. 結　果

尺度の検討

各尺度において主成分分析および因子分析を行った結果，「母性愛」信奉傾向尺度12項目については一次元性が把握できた。項目内容は第2章で示した通りである。信頼性係数（Cronbach α）は.89であった。怒り表出尺度は「怒りによる翻弄状態（範囲10-40）」・「怒りの自覚的制御（範囲7-28）」・「怒りの内的経験（範囲4-16）」の三つの下位次元からなることがわかった。その結果をTable 3-1に示した。また，「母性愛」信奉傾向尺度得点と怒り表出尺度の各

因子得点の基礎統計量および信頼性係数（Cronbach α）は Table 3-2 に示した。

Table 3-1　怒り表出尺度因子分析結果（重みづけなし最小二乗法，プロマックス回転）

項目	F1	F2	F3	共通性
22. 落ち着きを失って不機嫌になる。	.66	.00	.00	.46
19. 口汚いことを言う。	.60	.00	.00	.30
9. ドアをばたんと閉めるような，荒々しいことをする。	.57	.00	.00	.31
14. 自分を怒らせるものは何でもやっつけようとする。	.56	.00	.00	.28
23. 誰かにいらいらさせられると，つい自分のいらだった気持ちをぶつけてしまう。	.53	-.15	.00	.39
7. 人に皮肉なことを言う。	.45	.00	.00	.17
12. 人と言い合ったりする。	.44	.00	-.17	.23
6. 人から離れて一人だけになる。	.37	.17	.21	.17
*18. 大部分の人たちと比べると，より早く冷静になる。	-.33	-.11	-.16	.21
5. すねたり，ふくれたりする。	.33	-.12	.23	.20
4. 腹を立てたりしないでがまんする。	.13	.79	.00	.49
3. 怒っていてもそとにあらわさない。	.00	.76	.00	.50
*2. 怒りをあらわす。	.00	-.63	-.17	.34
1. 怒りを抑える。	.14	.61	.00	.26
10. 心の中では煮えくり返っていても，それを外には表さない。	-.19	.46	.26	.51
8. 冷静さを保つ。	-.25	.43	.12	.43
11. 自分の行動を抑制する。	-.19	.32	.27	.34
17. 外から見るよりも，実は自分はもっと怒っている。	.00	.00	.72	.48
21. はたの人が思うよりも，はるかに苛立っている。	.17	-.12	.62	.39
16. 誰にも知られないように，自分の胸のなかだけで他人を非難する。	.00	.00	.61	.36
13. 誰にも言わずについ恨みごとを自分の中にためこんでしまう。	.00	.00	.50	.30
平方和	4.11	2.26	0.74	
寄与率（％）	19.55	10.75	3.53	

注）F1：怒りによる翻弄状態，F2：怒りの自覚的制御，F3：怒りの内的経験
　　*は逆転項目である。項目の番号は質問紙の通りである。

Table 3-2　各尺度の Cronbach α と基礎統計量

尺度名／子どもの年齢	α	2, 3歳児	4, 5歳児
「母性愛」信奉傾向	.89	35.6 (8.6)	36.2 (8.03)
怒り表出尺度			
怒りによる翻弄状態	.75	21.3 (3.86)	21.7 (3.99)
怒りの自覚的制御	.81	15.3 (2.74)	15.6 (3.01)
怒りの内的経験	.70	9.1 (1.88)	9.5 (2.06)

「母性愛」信奉傾向×原因帰属傾向の MANOVA

　原因帰属傾向を測るために設定した場面や行動は，子どもの年齢によってその判断に影響を及ぼす可能性も考えられることから，従属変数を怒り表出尺度とする原因帰属傾向×「母性愛」信奉傾向の MANOVA について①２，３歳児の母親（271名）・②４，５歳児の母親（453名）のデータに分けて行った。その際，原因帰属傾向と同様に独立変数である「母性愛」信奉傾向は得点の高低により高（H）群（得点の上位30％）；中（M）群（得点の中位40％）；低（L）群（得点の下位30％）に分けた。原因帰属傾向については，それぞれの年齢群でシナリオ1は3群（偶然性・母親自身・子ども），シナリオ2は2群（自分の子ども・他の子ども）に分かれる。それぞれのシナリオにおける各群の人数は Table 3-3 および Table 3-4 に示した。

　シナリオ1〔原因帰属傾向・失敗場面〕　①２，３歳児の母親において原因帰属傾向と「母性愛」信奉傾向との組み合わせが感情制御に作用するという方向性のもとで分析した。その結果，原因帰属傾向の主効果が見られたのは

Table 3-3　シナリオ1（原因帰属・失敗場面）における各群の人数

「母性愛」／原因帰属	2, 3歳児				4, 5歳児			
	L	M	H	合計	L	M	H	合計
偶然性	41	55	41	137	71	86	68	225
自分	24	14	20	58	29	39	47	115
子ども	17	24	25	76	41	41	31	113
合計	82	103	86	271	141	166	146	453

Table 3-4 シナリオ2（子どもへの信頼感・成功場面）における各群の人数

「母性愛」/子ども	2, 3歳児				4, 5歳児			
	L	M	H	合計	L	M	H	合計
自分の子	39	39	39	117	59	76	77	212
他の子	43	64	47	154	82	90	69	241
合計	82	103	86	271	141	166	146	453

「怒りによる翻弄状態」（$F(2, 262)=9.00$, $p<.001$）と「怒りの自覚的制御」である（$F(2, 262)=4.47$, $p<.05$）。Tukey法による多重比較の結果，失敗を子どもに原因帰属する母親は偶然性に帰属する母親よりも怒りに翻弄されやすいということがわかった（$p<.001$）。同様に，失敗を自分自身に原因帰属する母親は子どもに帰属する母親よりも怒りを自覚的に制御できるということがわかった（$p<.05$）。一方，「母性愛」信奉傾向の主効果が見られたのは「怒りによる翻弄状態」であった（$F(2, 262)=7.66$, $p<.01$）。「母性愛」信奉傾向が高いと怒りに翻弄されにくくなり，怒りを自覚的に制御できる傾向にあることが示された（$p<.01$）。さらに，「怒りの内的経験」において原因帰属傾向と「母性愛」信奉傾向との交互作用効果が認められた（$F(4, 262)=3.29$, $p<.05$）。LSD法による単純主効果の検定により，失敗を母親自身に原因帰属する場合，「母性愛」信奉傾向M群よりもL群の方が怒りの内的経験の得点が有意に高く（$p<.05$），失敗を偶然性に原因帰属する場合は「母性愛」信奉傾向H群よりもM群の方が怒りの内的経験の得点が有意に高い（$p<.05$）ということがわかった。また，「母性愛」信奉傾向が高い母親の場合，失敗を偶然性に原因帰属する母親よりも，子どもに原因帰属する母親の方が怒りの内的経験得点が有意に高い（$p<.05$）ということもわかった（Figure 3-1参照）。よって失敗を偶然性に帰属する母親ならば「母性愛」信奉傾向の高さはポジティヴに働いて怒りを内的に経験しにくくなるが，子どもに原因帰属する母親においては「母性愛」信奉傾向の高さはネガティヴに作用して怒りを内的経験しやすくなるということが推察された。

② 4，5歳児の母親においても同様に原因帰属傾向と「母性愛」信奉傾向との組み合わせが感情制御に作用するという方向性のもとで分析を行った。その

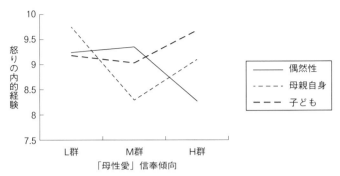

Figure 3-1 シナリオ1・年齢①における原因帰属傾向と「母性愛」信奉傾向との交互作用

結果，怒りの制御において原因帰属傾向の主効果が見られたのは「怒りによる翻弄状態」（$F(2, 444)=15.80$, $p<.001$），「怒りの自覚的制御」（$F(2, 444)=4.55$, $p<.05$），「怒りの内的経験」（$F(2, 444)=4.25$, $p<.05$）の全てであった。Tukey法による多重比較の結果，失敗を子どもに原因帰属する母親は，自分自身や偶然性に帰属する母親よりも怒りに翻弄されやすいということがわかった（$p<.001$）。また，自分自身に原因帰属する母親は子どもに帰属する母親よりも怒りを自覚的に制御できることがわかった（$p<.01$）。同様に，偶然性に原因帰属する母親も子どもに帰属する母親よりも怒りを自覚的に制御できることがわかった（$p<.05$）。そして，失敗を子どもに原因帰属する母親は偶然性に帰属する母親よりも怒りを内的に経験しやすいということがわかった（$p<.05$）。「母性愛」信奉傾向の主効果が見られたのは「怒りの自覚的制御」（$F(2, 444)=4.32$, $p<.05$），「怒りの内的経験」（$F(2, 444)=4.57$, $p<.05$）であった。Tukey法による多重比較の結果，「母性愛」信奉傾向が高いと怒りを自覚的に制御できる傾向にある一方で怒りを内的に経験しやすいということが示された（$p<.05$）。しかし，4，5歳児の母親の場合は，原因帰属傾向と「母性愛」信奉傾向との交互作用効果は認められなかった。

シナリオ2〔子どもに対する信頼感・成功場面〕　①2，3歳児の母親のデータにおいて，原因帰属傾向と「母性愛」信奉傾向との組み合わせが感情制御に作用する方向性のもとで分析を行った。怒りの制御で「母性愛」信奉傾向の主効果が見られたのは「怒りによる翻弄状態」であった（$F(2, 265)=5.79$,

$p<.01$)。Tukey 法による多重比較の結果,「母性愛」信奉傾向が高いと怒りに翻弄されにくくなるということが示された（$p<.05$）。しかし，この場合，原因帰属傾向の主効果と「母性愛」信奉傾向との交互作用効果は認められなかった。

②4, 5歳児の母親のデータにおいても同様に原因帰属傾向と「母性愛」信奉傾向との組み合わせが感情制御に作用する方向性のもとで分析を行った。その結果，原因帰属傾向の主効果はいずれにおいても認められなかった。一方，「母性愛」信奉傾向の主効果が見られたのは「怒りの自覚的制御」であった（$F(2, 447)=5.43, p<.01$）。Tukey 法による多重比較の結果,「母性愛」信奉傾向が高いと怒りを自覚的に制御できる傾向にあるということが示された（$p<.05$）。さらに,「怒りの自覚的制御」において原因帰属傾向と「母性愛」信奉傾向との交互作用効果が認められた（$F(2, 447)=3.66, p<.05$）。LSD 法による単純主効果の検定により，成功を自分の子どもに帰属する場合,「母性愛」信奉傾向 L 群および M 群よりも H 群の方が怒りの自覚的制御の得点が有意に高く（$p<.05$），成功を他の子どもに帰属する場合は「母性愛」信奉傾向 L 群よりも M 群の方が怒りの自覚的制御の得点が有意に高い（$p<.05$）ということがわかった。「母性愛」信奉傾向が高い場合は，成功を他の子どもに帰属させる

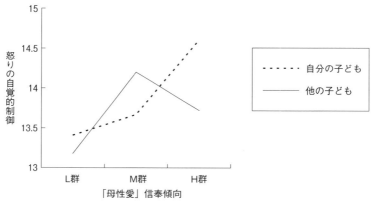

Figure 3-2　シナリオ2・年齢②における子どもに対する信頼感（どちらの子どもが成功したのかという判断）と「母性愛」信奉傾向との交互作用

母親よりも自分の子どもに帰属させる母親の方が怒りの自覚的制御得点が高い（$p<.05$）ということもわかった（結果はFigure 3-2参照）。

よって成功したのは自分の子どもであると判断する母親ならば「母性愛」信奉傾向の高さはポジティヴに働いて怒りを自覚的に制御させやすくすることに対し，他の子どもが成功したのだと判断する母親においては「母性愛」信奉傾向の高さはネガティヴに作用する，つまり怒りを自覚的に制御させにくくするという向きが窺われた。

＊ 3-4. 考　察

本章の目的は，母親の「母性愛」信奉傾向が母親の原因帰属傾向，およびそれと関連する，自分の子どもに対する信頼感と結びつくことにより，母親の怒りという感情の制御に影響を与える可能性を検討することであった。その結果，原因帰属傾向（失敗場面）と子どもに対する信頼感（成功場面）の両方において原因帰属傾向（および子どもへの信頼感）と「母性愛」信奉傾向との交互作用効果が感情制御において見られることが明らかになった。

しかし，より現実に適合した結果を目指して日常的な文脈上での仮想場面をあえて設定したとは言え，原因帰属傾向はそれぞれのシナリオで設定されたごく一面的なものであり，それらで母親の原因帰属傾向の全てを語ることはできまい。正確かつ詳細な検討を加えた刺激，すなわちシナリオを多く用いるなどの工夫が必要であったと言える。さらには，それぞれの子どもの年齢で有意な結果が見られたシナリオが違ったという点からも，年齢による発達段階に応じた場面設定が重要であるという点を見逃してはならないと言える。したがって，本章のように幼児を持つ母親を対象とした研究においては，子どもの年齢についても十分に考慮したうえで進めていく必要がある。あるいは，単にシナリオの数を増やすということよりも，locus of controlにおけるような内的統制型（internal control）・外的統制型（external control）という概念をより明確に大枠として据え，あるいはstabilityの次元からも精緻に検討を加え，場面をあえて設定せずに原因帰属傾向を一次元または二次元として想定し，量的変数としてより広く一般的に測定するという試みも可能だろう。

結　論

　本章の結果により，元来我が国ではポジティヴであると考えられているはずの母親の「母性愛」信奉傾向が，母親の原因帰属傾向との組み合わせにおいてポジティヴに作用するだけではなく，ネガティヴにも作用しうる向きが窺えた。「母性愛」信奉傾向が高い母親は，子どもの存在や自分が母親であるということを生活の中心に置く分，その比重の高さによって，失敗を子どもに原因帰属する場合，そうでない場合よりも，怒りをより経験しやすくなるのだろう。同様に，子どもに対する意識や意味づけも高い分，自分の子どもではなく他の子どもが成功したのだと判断することで，怒りの制御不全を招来しやすくなるのではないだろうか。本章のこれらの結果により，「母性愛」信奉傾向が養育場面において必ずしもポジティヴな意味でのみ働くわけではないということも示唆された。したがって，本章では「母性愛」が母親の特徴やその他の要因の如何によってプラスとマイナスの意味を変える，両義的なものである可能性を提示したと言えよう。

課　題

　本章の課題としては，原因帰属傾向と「母性愛」信奉傾向とが母親の特性つまりは養育者自身の要因という変数であり，Belsky（1984）が唱えている子どもやその他の家族に関する変数や母親が受けるストレスやサポートなどの社会的文脈的要因を探っていないという点が挙げられる。母親の母性的かかわりについて，どのような変数がどれだけの予測説明力を有しているかという視点から探索的な分析を行った遠藤・江上・鈴木（1991）の研究においても，子どもの持つ特性や社会文脈的な要因の影響力が母親の生育暦に比較して相対的に強いという結果が見られたという。したがってそれらの，当然，母親の養育に影響すると考えられる要因と「母性愛」信奉傾向との関連を探ることも重要であると言えよう。これと関連して注目すべき点として，先行研究において親子関係，養育，特に虐待と親の原因帰属傾向との関連について報告されてきている（江上，2000）ものの，原因帰属傾向が具体的に虐待とどのように関連しているのかということについて実証的に研究を行っているものはない（Dweck，1975）という指摘がある。特異的ではあるが，本章では「母性愛」信奉傾向と原因帰属傾向とが結び付くことで，虐待に繋がる可能性を持つ「感

情制御不全」を導くという結果を見出したものであり，そのような意味でも「母性愛」信奉傾向と他の要因との交互作用効果をさらに検討する意義が見込まれよう。

第4章

「母性愛」信奉傾向と子どもの発達水準

4-1. 問題と目的

　第3章では，「母性愛」信奉傾向が母親の原因帰属傾向と交絡することで，母親の子どもに対する感情制御に影響を与えるかどうか検証した。その結果，「母性愛」信奉傾向が母親の原因帰属傾向と結びつくことによって，母親の感情制御に影響を与えるということが一部認められた。ところで「母性愛」信奉傾向も原因帰属傾向も同じ，養育者の要因であるが，遠藤・江上・鈴木（1991）が述べているように，従来の研究は親側の要因が子どもの発達をいかに規定するかという側面に主に焦点を当ててきた。しかし，親による養育態度を問題とする場合，養育する側の養育者にかかわる要因だけではなく，養育される側の子どもの要因も考慮に入れる必要がある。実際，子どもの持つ特徴が親の養育行動に影響を与えるという研究も数多く散見される（例えば Lee & Bates, 1985; Minde, Perrotta, & Marton, 1985）。

　そこで本章では，「母性愛」信奉傾向の高さが子ども側の要因との組み合わせによってネガティヴな養育行動を引き起こすという影響過程を想定し，その検証を試みることにする。「母性愛」信奉傾向と結び付いて作用しうる子どもの要因としては，子どもの行動特徴や客観的な発達の程度なども考えられるが，本章では，母親が評価する「主観的な」子どもの発達水準（以下，本書では「発達水準」と呼ぶ）について想定する。なぜなら，不適切な養育の顕著な例として考えられる「虐待」について概観したレビューの中で，子どもの発達を本来よりも低く認知するという親側の要因を挙げている Belsky（1978）のみならず，Altemeier, Vietze, Sherrod, Sandler, & O'Connor（1978）も客観的

な発達水準にかかわらず養育者の子どもに対する捉え方がネガティヴであると子どもが結果的に発達不全に陥りやすいという可能性を述べており，母親が自分の子どもの発達について主観的にどのように把握しているかということが重要であると考えるからである。さらに本章はネガティヴな養育つまりは子どもへの不適切なかかわりを反映する一指標として，感情の制御の中でもとくに，第3章と同様に「怒りの制御不全」を想定する。

　仮説は，「母性愛」信奉傾向が高く子どもの発達水準が低い母親は，「子どものために心身尽くしていても子育てがうまくいかず報われない」状況さらには「子どもに意識を向けて育児を実践しているのに子どもがそれに応えてくれない」状態から生起した怒りという感情を子どもに対して抑えられなくなるというものである。なお，この仮説を検証するにあたり，母親の子どもの年齢については2歳から5歳までの，幼児期に特定する。これは，「母性愛」信奉傾向によって母子間の様相が影響を受けやすいと想定される年齢であること，子どもが「ただ可愛い」乳児期から脱し第一次反抗期を迎えるなど，母親の中で子どもとの関係や養育全般が問い直される時期であることが考えられたためである。本章はこの仮説を検証して，ポジティヴなものとして認知されてきた「母性愛」を信奉する傾向の高さが，子どもの要因つまりは子どもの発達水準との交絡によって養育場面でネガティヴなものに転化する可能性があるということを実証することが目的である。

✻ 4-2. 方　　法

調査対象者

　2歳～5歳の子どもを持つ母親724名[1]であった。母親の平均年齢は，34.5歳（範囲：24-48歳，*SD*=3.85）であった。就業状態は，常勤職が107名（14.8％），

---

[1]　母親の就業状況ならびに子どもの出生順位や出生間隔・性別などの要因が養育の負担や育児経験に作用する傾向も考慮して，それらが「母性愛」信奉傾向得点や発達水準得点ともかかわってくる可能性も想定したが，それぞれのサンプルサイズの差も作用しているからか「母性愛」信奉傾向得点および発達水準得点において有意差が見られなかったことより，それらの要因を全て込みにして分析・検討を行った。

パートタイムが84名（11.6％），就業していない者が527名（72.9％）であった。
調査手続き
　福岡県内の幼稚園および保育園，合計9園に調査への協力を依頼し，園ごとに質問紙を配布・回収した。母親にはそれぞれアンケートへの回答が強制でないことを質問紙に明示した。調査は2001年10月31日から同年12月7日の間に行った。
調査項目
　母子の年齢，母親の就業状態などのフェイスシート項目の他，以下の尺度を使用した。
　「母性愛」信奉傾向　第2章において示した「母性愛」信奉傾向尺度12項目について，各項目を5件法（ぜんぜんそう思わない：1～その通りだと思う：5）で回答を求めた。
　発達水準　柏木・東の期待水準尺度（1977）41項目について，期待水準を問うものではなくその発達程度を問うように改作した[2]。自分の子どもが項目にあるそれぞれの行動を現在どのくらいできていると思うかということを5件法（1：まったくできていない～5：完全にできている）で選ぶようにという教示を行った。項目は，学校関係スキル（興味のあることを，図鑑や事典でしらべる）・従順（言いつけられた仕事は，すぐにやる）・礼儀（テーブルなどに足をのせたり，足で動かしたりしない）・情緒的成熟（いつまでも怒っていないで，自分で機嫌を直す）・自立（一人で遊ぶことができる）・社会的スキル（友だちを説得して，自分が考えていること，したいと思っていることを通すことができる）・言語による自己主張（自分の考えや，どうしてそう考えるのかを，他の人にわかるように説明できる）の7領域からなる（カッコ内は代表的な項目）。

　2）　子どもの発達程度を母親に質問紙を用いて問うものには他に日本版プレ発達スクリーニング検査（JPDQ）等があるが，本章では子どもの発達項目がある領域に偏らぬように幅広くかつ日常の場面に沿うように拾う必要があるうえに，多くの発達検査のように子どもの発達年齢（DA）や発達指数（DQ）を算出し発達の遅さ・早さを測定し，発達危険児のスクリーニングや早期介入などに役立てるという目的ではなく，あくまで母親が主観的に判断する子どもの発達程度を問題とするため，専門的なアセスメントとは異なり平易で理解しやすい項目で構成されている期待水準尺度を子どもの発達水準尺度の項目として使用した。

怒り表出制御　　鈴木・春木（1994）による怒りの表出・怒りの抑制・怒りの制御からなる三因子構造の尺度で24項目，4件法である。怒り制御不全という変数を測るために，怒りという感情をどの程度表出してしまうか，または抑制しようと努めるかということを測りうる本尺度を用いた。本章ではこれを母親の，子どもに対する怒りの感情制御について調べるために用いた。回答に際し，子どもに対する最近の気持ちについて回答するようにと教示した。

4-3. 結　果

尺度の検討と群分け

　各尺度において因子分析を行った結果，怒り表出尺度以外では一次元性が把握できた。子どもの発達水準については子どもの年齢によって左右されると想定されるうえに，鋳型となった期待水準尺度は子どもの年齢を限定する必要についてとくに明示されていないものの，実際には子どもの年齢が5歳のときに使用していることから，分析についても年齢別で行うことが必要であると考えた。その際，2歳児の母親のサンプルサイズが他の年齢児の母親よりも小さいうえに（N=100），2歳児と3歳児との間においてのみ発達水準尺度得点（2歳児：100.8点；3歳児：106.5点；4歳児：111.7点；5歳児：119.8点；範囲35-175）の高低で有意な差が見られなかったことより，2歳児と3歳児の母親については1グループとして扱った。つまり，①2，3歳児（N=263），②4歳児（N=283），③5歳児（N=178）の3グループでそれぞれ分析・検討を行った[3]。

　なお，年齢別で比較した発達水準尺度の35項目はTable 4-1の通りである。次に，怒り表出尺度は先行研究にて示された因子構造とは異なる下位次元からなることがわかった（Table 4-2参照）。第1因子を「怒りによる翻弄状態」，第2因子を「怒りの自覚的制御」，第3因子を「怒りの内的経験」と命名した。各尺度および怒り表出尺度の各因子におけるCronbachのα係数および基

---

　3)　発達水準尺度得点の年齢比較は，それぞれの年齢において尺度の因子分析を行い，共通性の極端に低い項目を共通に取り除いた後で行った。なお，年齢グループ別におけるMANOVAにおいては，負荷量の低い（.4以下）項目もそれぞれ除いて分析を行った。

第4章 「母性愛」信奉傾向と子どもの発達水準

Table 4-1 発達水準尺度主成分分析結果

項目	成分	共通性
19. 友だちと考えが合わないとき，けんかをせずに適当な解決をつけられる。	.71	.51
26. いいつけられた仕事は，すぐにやる。	.68	.46
40. 自分の考えや，どうしてそう考えるのかを，他の人にわかるように説明できる。	.68	.46
12. 友だちを説得して，自分が考えていること，したいと思っていることを通すことができる。	.67	.45
23. かかってきた電話に出て，きいたことをちゃんと伝えられる。	.67	.44
36. 親からいけないといわれたら，素直にいうことをきく。	.66	.44
13. お母さんに手伝いを頼まれれば，おもしろい本やテレビをみていてもすぐやめて手伝う。	.64	.41
38. 友だちの気持ちに思いやりを持つ。	.64	.41
24. （ゲームで負けたり風船がわれたりして）がっかりしたり欲求不満になったりしたときでも泣かずにがまんできる。	.64	.41
32. きょうだいや友だちとけんかになったとき，大人にいいつけたり大人に間に入ってもらわずに自分で解決できる。	.64	.40
31. 一人で先のとがったハサミを使える。	.62	.38
20. 悪いことをしていて注意されたら，すぐにやめる。	.62	.38
21. 質問したら，はきはき答える。	.61	.37
7. 納得がいかない場合は，説明を求める。	.61	.37
14. 意見や希望をきかれたら，はっきり述べる。	.61	.37
5. 自分のおもちゃを，友だちにも貸してあげて，一緒に遊べる。	.59	.35
37. 時計がよめる（15分単位くらいまで）。	.58	.34
25. 自分の考えを他の人たちにちゃんと主張できる。	.58	.34
11. 誰かが眠っているときには，静かに遊ぶ。	.58	.34
34. 絵の多い童話なら，30ページくらいでも一人で読み通せる。	.58	.33
39. 赤ちゃんことばを使わなくなる。	.58	.33
15. きまったお手伝い（テーブルにおちゃわんを並べる，ゴミを捨ててくるといった）ができる。	.58	.33
22. 一人で電話がかけられる。	.58	.33
41. 興味のあることを図鑑や事典でしらべる。	.57	.32
8. 自分の脱いだ服を始末できる（たたんだりハンガーにかけたり引き出しにしまったり）。	.57	.32
17. 大人同士が話しているとき，話にわりこんでじゃまをしない。	.56	.31
28. テーブルなどに足をのせたり，足で動かしたりしない。	.56	.31
33. けんかしたとき，かみついたり，ものを投げたり，ものをふりまわしたりしない。	.55	.30
2. お小遣いを大事にちゃんと使える。	.53	.29
4. やたらに泣かない。	.52	.27
29. いつまでも怒っていないで，自分で機嫌を直す。	.52	.27
27. 1時間くらい，一人で留守番ができる。	.51	.26
30. 友だちと遊ぶとき，いいなりになるだけでなく，リーダーシップがとれる。	.49	.24
16. 一人で遊ぶことができる。	.47	.22
18. 眠るとき，誰かについていてもらわなくても一人で眠れる。	.40	.16
寄与率（％）	33.5	

4-3. 結　果

Table 4-2　怒り表出尺度因子分析結果（重みづけなし最小二乗法，プロマックス回転）

項目	F1	F2	F3	共通性
19. 口汚いことを言う。	.63	.10	.00	.33
22. 落ち着きを失って不機嫌になる。	.61	.00	.11	.45
14. 自分を怒らせるものは何でもやっつけようとする。	.58	.11	.00	.30
23. 誰かにいらいらさせられると，つい自分のいらだった気持ちをぶつけてしまう。	.56	-.13	.00	.41
9. ドアをばたんと閉めるような，荒々しいことをする。	.54	.00	.00	.29
12. ひとと言い合ったりする。	.48	.00	-.16	.24
7. 人に皮肉なことを言う。	.45	.00	.00	.18
4. 腹を立てたりしないでがまんする。	.12	.78	.00	.50
3. 怒っていてもそとにあらわさない。	.00	.76	.00	.53
*2. 怒りをあらわす。	.00	-.59	-.12	.35
1. 怒りを抑える。	.14	.56	.00	.24
8. 冷静さを保つ。	-.22	.45	.00	.39
10. 心の中では煮えくり返っていても，それを外には表さない。	-.21	.44	.25	.46
17. 外から見るよりも，実は自分はもっと怒っている。	.00	.00	.71	.49
16. 誰にも知られないように，自分の胸のなかだけで他人を非難する。	.16	.00	.60	.36
21. はたの人が思うよりも，はるかに苛立っている。	.00	.00	.60	.39
13. 誰にも言わずについ恨みごとを自分の中にためこんでしまう。	.00	.11	.49	.28
平方和	3.52	1.97	0.72	
寄与率（%）	20.70	11.56	4.20	

注）*は逆転項目．F1は怒りによる翻弄状態，F2は怒りの自覚的制御，F3は怒りの内的経験である．

Table 4-3　各尺度のCronbach α と基礎統計量

尺度名／子どもの年齢	α	2，3歳児		4歳児		5歳児	
「母性愛」信奉傾向	.89	35.6	(8.4)	36.2	(8.04)	35.9	(8.01)
発達水準尺度	.95	103.7	(24.1)	111.7	(18.8)	119.8	(16.3)
怒り表出尺度							
怒りによる翻弄状態	.72	14.6	(3.12)	14.9	(3.06)	15.1	(3.09)
怒りの自覚的制御	.79	12.9	(2.4)	13.1	(2.64)	13.3	(2.5)
怒りの内的経験	.70	9.1	(1.87)	9.5	(2.04)	9.5	(2.06)

礎統計量は Table 4-3 に示した。
「母性愛」信奉傾向×発達水準の MANOVA

　独立変数である「母性愛」信奉傾向と発達水準については各年齢において得点の高低により高群（以下 H 群）；中群（以下 M 群）；低群（以下 L 群）にそれぞれ分類した。その際，各年齢において各尺度得点の高い順に30%（H 群），40%（M 群），30%（L 群）という人数の割合で分けた。ただし，同じ得点の者が群の境目に密集した場合は上記の割合に可能な限り近づけて分類を行った。それぞれの年齢における各群の人数は Table 4-4 に示した。

　①2，3歳児の母親のデータにおいて「母性愛」信奉傾向と発達水準との組み合わせが怒り制御に作用するというモデルについて検討を行った。その結果，怒りの内的経験において発達水準の主効果が見られた（$F(2,254)=7.90$, $p<.001$）。Tukey 法による多重比較の結果，L 群（平均値9.5）と H 群（平均値8.4）の間，M 群（平均値9.4）と H 群の間にそれぞれに有意差が認められた（$p<.01$）。よって子どもの発達水準が高いと認知している母親の方が，怒りを内的に経験しにくくなるということが示された。さらに，怒りによる翻弄状態に

Table 4-4　それぞれの年齢児の母親における各群の人数

「母性愛」	2，3歳児				4歳児				5歳児			
	L	M	H	合計	L	M	H	合計	L	M	H	合計
発達 L	34	31	15	80	30	35	28	93	18	25	10	53
発達 M	29	38	35	102	34	32	32	98	22	29	19	70
発達 H	19	30	32	81	25	31	36	92	12	23	20	55
合計	82	99	82	263	89	98	96	283	52	77	49	178

注）表中の「母性愛」は「母性愛」信奉傾向，発達は発達水準をあらわす。

Table 4-5　2，3歳児の母親の各変数における MANOVA 結果（F 値）

	翻弄状態	自覚制御	内的経験
「母性愛」	3.93*	2.84	0.66
発達	0.33	0.10	7.90***
「母性愛」×発達	2.42*	0.90	0.35

注）表中の翻弄状態は怒りによる翻弄状態，自覚制御は怒りの自覚的制御，内的経験は怒りの内的経験をあらわす。*$p<.05$，***$p<.001$

おいて,「母性愛」信奉傾向と発達水準との交互作用効果が認められた（$F(4, 254) = 2.42, p<.05$）。その結果を Table 4-5・Figure 4-1 に示した。LSD法による単純主効果の検定により,発達水準が低い場合,「母性愛」信奉傾向M群よりもL群の方が怒りによる翻弄状態の得点が有意に高く（$p<.05$）,かつ,発達水準が高い場合,「母性愛」信奉傾向H群よりもL群の得点の方が有意に高いことが認められた（$p<.01$）。また,「母性愛」信奉傾向が高い場合において,発達水準H群よりも発達水準M群の得点の方が有意に高かった

Table 4-6 「母性愛」信奉傾向と発達水準との交互作用効果における単純主効果の検定結果

2,3歳児の母親:「怒りによる翻弄状態」	
発達L群のとき	「母性愛」L群と「母性愛」M群
発達H群のとき	「母性愛」L群と「母性愛」H群
「母性愛」H群のとき	発達M群と発達H群
4歳児の母親:「怒りの自覚的制御」	
発達L群のとき	「母性愛」M群と「母性愛」H群
発達M群のとき	「母性愛」L群と「母性愛」H群
発達H群のとき	「母性愛」L群と「母性愛」H群
	「母性愛」M群と「母性愛」H群
「母性愛」M群のとき	発達L群と発達H群
「母性愛」H群のとき	発達L群と発達M群
	発達L群と発達H群

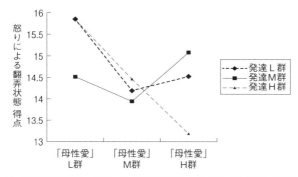

Figure 4-1　2,3歳児の母親の「怒りによる翻弄状態」における「母性愛」信奉傾向と発達水準
注) 怒りによる翻弄状態得点の範囲は7-28であった。

(p<.05)。なお，これらの単純主効果の検定結果については Table 4-6 にまとめた。以上の結果から，「母性愛」信奉傾向が低いと，発達水準のどの群においても全体的に怒りに翻弄されやすいということと，「母性愛」信奉傾向が低いか中程度の場合は発達水準の高低によって得点があまり左右されないが，「母性愛」信奉傾向が高い場合は発達水準がどの群であるかということによって怒りの翻弄状態得点は有意な差が認められた。つまり，「母性愛」信奉傾向が高く発達水準も高い場合は「母性愛」信奉傾向が低い群と比較して怒りの翻弄状態得点は有意に低くなるが，発達水準が中程度の場合や低い場合は，翻弄状態得点が他の群と同様に高くなり，有意な差が認められなかった。結論として，「母性愛」信奉傾向が高い場合においてのみ，発達水準の高低により翻弄状態得点も大きく変動するということが明らかになった。

　②4歳児の母親のデータにおいて「母性愛」信奉傾向と発達水準との組み合わせが怒り制御に作用するというモデルについて検討を行った。そして，怒りの自覚的制御において，「母性愛」信奉傾向と発達水準との交互作用効果が認められた（$F(4, 274) = 2.97$, p<.05）。その結果を Table 4-7・Figure 4-2 に示した。LSD 法による単純主効果の検定により，発達水準が低い場合において，「母性愛」信奉傾向 H 群よりも M 群の方が怒りの自覚的制御得点が有意に高く（p<.05），発達水準が中程度の場合において，「母性愛」信奉傾向 L 群よりも H 群の得点の方が有意に高いことが認められた（p<.05）。また，発達水準が高い場合においても，「母性愛」信奉傾向 L 群よりも M 群，L 群よりも H 群の方が怒りの自覚的制御得点が有意に高いことが認められた（p<.05）。そして，「母性愛」信奉傾向が中程度の場合において，発達水準 H 群よりも L 群の得点の方が高く（p<.05），「母性愛」信奉傾向が高い場合において，発達水準 L 群よりも M 群，L 群よりも H 群の得点の方が有意に高かった（順に p<.01, p<.05）。なお，これらの単純主効果の検定結果については 2，3 歳児の母親の場合と同様，Table 4-6 にまとめた。以上の結果より，「母性愛」信奉傾向が低いと，発達水準のどの群においても全体的に怒りを自覚的に制御しにくいということと，「母性愛」信奉傾向が低いか中程度の場合は発達水準の高低によって得点があまり左右されないが，「母性愛」信奉傾向が高い場合は発達水準がどの群であるかということによって怒りの自覚的制御得点は有意な差

が認められた。つまり，「母性愛」信奉傾向が高く発達水準も高いか中程度の場合は「母性愛」信奉傾向が低い群と比較して怒りの自覚的制御得点は有意に高くなるが，発達水準が低い場合は，一転して自覚的制御得点が他の群と同様かそれ以上に低くなることが認められた。結論として，やはり，「母性愛」信奉傾向が高い場合においてのみ，発達水準の高低により自覚的制御得点も大きく変動するということが明らかになった。

③ 5歳児のデータにおいても怒り制御についても分析を行ったが，「母性愛」信奉傾向，発達水準の主効果および交互作用効果も認められなかった

Table 4-7　4歳児の母親の各変数におけるMANOVA結果（F値）

	翻弄状態	自覚制御	内的経験
「母性愛」	0.05	3.17*	2.05
発達	1.71	1.13	2.37
「母性愛」×発達	1.18	2.97*	0.84

*$p<.05$

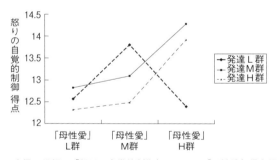

Figure 4-2　4歳児の母親の「怒りの自覚的制御」における「母性愛」信奉傾向と発達水準
注）怒りの自覚的制御得点の範囲は6-24であった。

Table 4-8　5歳児の母親の各変数におけるMANOVA結果（F値）

	翻弄状態	自覚制御	内的経験
「母性愛」	1.52	2.45	0.59
発達	1.70	0.91	0.97
「母性愛」×発達	0.19	0.16	0.30

(Table 4-8 参照)。

✳ 4-4. 考　察

　本章の目的は，幼児を持つ母親において，「母性愛」信奉傾向が子どもの要因のひとつである発達水準，具体的には母親が捉えている子どもについての主観的な発達水準と交絡することで，子どもに対する感情制御のあり方に作用することの実証であった。結果として，2，3歳児および4歳児の母親の場合に，「母性愛」信奉傾向と子どもの発達水準との交絡が怒りの感情制御に影響を与えたことが一部で認められた。すなわち「母性愛」信奉傾向が高いと，発達水準の高低により怒りの感情制御が左右されるという可能性が示唆され，〔「母性愛」信奉傾向×発達水準〕が怒りの感情制御に影響を与えるというメカニズムが推定された。つまり，「母性愛」信奉傾向の高さは他の要因とかかわることによってポジティヴにもネガティヴにも作用しうるものであると考えられる。

　また，発達水準が低い場合においては「母性愛」信奉傾向が低い群もしくは高い群よりも「母性愛」信奉傾向中群の方が怒りに翻弄されず，自覚的に制御しやすいという結果も認められた。よって，子どもの発達を低く認知する母親の場合には「母性愛」を中程度に信奉することが怒りの感情制御において最も有効であるとも思われた。

　しかし，問題も二点ある。「母性愛」信奉傾向が他の要因の影響により正負の意味を変えるという可能性は示唆できたものの，これらの結果は2，3歳および4歳児におけるものであり，5歳児においては交互作用効果が認められなかった。項目は期待水準として柏木・東（1977）の縦断研究の一環で期待水準として5歳児を対象として使用されたものだが，本章で用いた発達水準得点においては5歳児の発達水準だけが殊に高い。したがって，発達水準の質問項目，つまりは発達課題について，5歳児ではほぼ遂行可能な子どもが多く，個人差が測りえなかったのではないかと想定される。要するに，5歳児では天井効果があったために仮説通りの結果が出なかったのではないかと推測した。しかし5歳児の母親における結果から考えても，本章で用いた発達水準尺度は本

章が想定した全ての年齢帯における子どもの発達水準を網羅するには項目の内容にある種の偏りが生じた可能性は否めない。今後このように子どもの発達段階や成長に関する変数を扱う場合には，それぞれの年齢帯の特徴を考慮に入れたうえでも，ある一定の年齢帯に属する子どもに適用可能な尺度を選定するか，もしくは研究計画の段階から対象となる子どもの年齢をあらかじめ絞った上で，その年齢に合致する尺度を選定するか，という二つの方向性から精緻な検討を行っていく必要があるだろう。なお，これと関連して，2, 3歳児の母親では，子どもの発達水準M群が同L群と似たような動き（Table 4-1参照）をしたことと異なり，4歳児では子どもの発達水準M群が同H群と同様の動きをした（Table 4-2参照）ことについても，やはり子どもの発達的な変化のあらわれであると思われる。つまり，2, 3歳児では，発達水準の尺度項目が若干難しいものであるものも含むため，高く評定された群とそれ以外の群での違いが出たことに対し，天井効果が疑われた5歳児に近い4歳児では，低く評定された群とそれ以外の群での違いがあらわれやすかったのだろう。また，怒り表出尺度の下位尺度のひとつである「怒りによる内的経験」においても仮説通りの結果が出なかったが，これについては項目内容が育児や子どもとの関係という文脈に沿うものであると判断しにくかったためではないかと考えた。

結論

本章により，「母性愛」信奉傾向は，子どもの発達水準と結びつくことにより，他の変数を媒介することなく，子どもに対する感情制御に影響を与えることがわかった。より詳細に言えば，「母性愛」信奉傾向が高い母親は，信奉傾向が中程度や低い母親とは異なり，子どもの発達水準をどのように認知しているか，つまりその高低により怒りの感情制御が左右されるということが一部で明らかになった。具体的には，「母性愛」信奉傾向は子どもの発達水準が高いときには怒りの感情制御においてポジティヴに働くが，発達水準が低い場合にはそのように作用せず，むしろネガティヴに働きうるということが示唆された。これは「母性愛」信奉傾向が高い，つまり子どもに対する意識や自分が母親という存在であることに対する意識の比重が高い分，それだけ子どもやその養育に関する他の要因の影響を受けやすくなるためであると考えた。同時に，

発達水準が低い場合には「母性愛」信奉傾向が中程度であることが怒りの感情制御において比較的ポジティヴに作用するという結果からも，「母性愛」信奉傾向はどのような場合でも「高い方がいい」「低い方がいい」とは一概に言えないような複雑なものであり，プラスの意味もマイナスの意味も持ちうるものであるということがわかった。つまり，「母性愛」信奉傾向の高さは他の要因とかかわることによってポジティヴにもネガティヴにも作用しうるものであると考えられる。したがって，本章でもやはり「母性愛」は両義的なものであるという結論に達した。本章でも，「母性愛」とは，その状況や場面によって，またはそれと結びつく他の変数の如何によって，ポジティヴにもネガティヴにも形を変えるものであるという可能性を示したと言えよう。本章は仮説の全てを支持できたわけではないが，その中から得られた結果と示唆をより強固で確実なものとするためにも，今後もこうした視点からのさらなる探求が望まれよう。

課　題

　最後に，本章における2点の反省点を通じて今後の展望につなげたい。まずは，本章の「母性愛」信奉傾向が発達水準と交絡して感情制御に影響を与えるという仮説が一部でしか支持されなかったことが挙げられよう。そのため今後も「母性愛」信奉傾向と発達水準との関連性を含めたより確実な実証データを得るためには先述した通り，対象とする子どもの年齢帯についてのより正確な発達段階の把握や子どもの発達水準を測る尺度のさらなる吟味が必要不可欠であると思われる。次に，第3章および本章での検証は，母子間のことに限定されていた。Belsky（1984）によると，母子をとりまくストレスやサポートといった社会文脈的な要因というのも母親の養育行動に大いに影響するという。よって，母親の職場での人間関係や職務に対する満足感，夫婦関係，その他の社会的ネットワークなどの社会文脈的な関係において母親が受けるストレスやサポートについても言及するべきであろう。

♣ 第5章 ♣♣♣
「母性愛」信奉傾向と就業形態および職業満足度

✳ 5-1．問題と目的

　第3章では「母性愛」信奉傾向と母親の原因帰属傾向との交互作用，第4章では「母性愛」信奉傾向と子どもの発達水準との交互作用が母親の子どもに対する感情制御にどのように影響を与えているかという検討を行った。これは，Belsky（1984）が唱えるところの，養育態度を規定する要因である「養育者自身の要因」と「子どもの要因」とに言及し，それぞれの要因と母親の「母性愛」信奉傾向とが絡むことによる養育態度への影響を示してきたと言える。しかし，Belsky（1984）が述べているもうひとつの重要な要因である「社会文脈的要因」と「母性愛」信奉傾向との交絡については，本論では検討を行っていない。そこで，本章では，「母性愛」信奉傾向と「社会文脈的要因」とが交絡することによって，母親の子どもに対するかかわり方に何か影響を及ぼすのかどうか，という検証を行う。

　Belsky（1984）は，社会文脈的要因として，友人や配偶者からのサポートや仕事に対する好悪の感情などについての先行研究を挙げながら論じているが，その中でも最も重要なものは夫婦関係，社会的ネットワーク，そして職業という三つの変数であるとしている。これら社会文脈的要因の三つの重要な変数の中で，本章では「職業」を取り上げ，それと「母性愛」信奉傾向との交絡が母親の子どもに対する感情の出し方にどのように作用するかということについて検討したい。これは，「母性愛」信奉傾向は，伝統的な性役割観に基づいた母親役割を受容する程度を表すものであるため，それとある意味，相反する要素のひとつである「職業」という要因の如何で，「母性愛」信奉傾向が，第

3章および第4章で示してきたような多義的な性質をより濃く帯びるのではないかという想定からである。

　Belsky（1984）では，養育態度に影響するであろう「職業」という要因に言及する場合，主に「職業」を持ったものとして，その中での「ストレス」や「満足感」「好悪の感情」についての研究を紹介しているが，本章では，我が国ならではの母親の特徴も鑑み，まず「職業の有無」という点も含めて考察していきたい。これに関して近年，我が国でも"働く母親"が増加していることはよく知られていることであるが，それにもかかわらず実際は働く母親の多くが仕事と家庭の両立を望みながらもそれが困難だと感じている（小泉・菅原・前川・北村，2003）。そしてそのような女性たちにとって，"子育て＝母親の役割"という母親意識がダブルバインドや役割葛藤感を生み，母親の精神的健康を阻害する（江原，2000）。だからこそ，その"母性意識"が払拭されることが必要とされる（松信，2000）。これらの見解から考えると，「母性愛」信奉傾向の高さは働く母親にとってはネガティヴに作用すると言えるだろう。反対に，母親役割を強く支持する「母性愛」信奉傾向は，逆に，専業主婦にはストレスをかけにくいものであると思われる。それでは，パートタイムで働く母親はどうだろうか。大日向（1988）によると，パートタイムの母親は，専業主婦と同様にあるいはそれ以上に，育児に専念することによる「世の中から取り残される」という焦燥感は強いものの，母親としてふるまっているときが自分らしいときだという意識も強く，矛盾した認識が窺えるという。この原因として，常勤職と異なり，パートタイムの就業理由は仕事内容に直接関連するものではなく，「生活費のたし」や「家にこもっていたくない」というものであり，また，就業形態としても家事や育児に支障のない範囲での時間的余裕やシフトの自由度が希望されているために，仕事内容そのものに満足できずに満足感やコミットメントの低下が生じるからだとしている。

　ところで，女性における多重役割の問題には諸説ある（例えば Campbell, Campbell, & Kennard, 1994）。中でも，ひとつの活動領域における状況や態度が他の活動領域に同じ方向性で影響する（片方のプラス面／マイナス面がもう片方にポジティヴ／ネガティヴな影響を与える）という流出（spillover）（例えば小泉・菅原・前川・北村，2003）が最も多く散見される。一方ではひとつ

の活動領域が他方の領域とバランスを取るように働く（片方がうまくいかないともう片方がうまくいくように作用する）という補償（compensation）（例えば福丸・小泉，2003）も可能性として考えられる。流出に影響を与える変数として，Grzywacz & Marks（2000）は職場での意思決定の裁量範囲の広さや職場での仲間からのサポートを挙げた。そしてそれらは仕事が家庭へよい影響を与えることと，それらが欠乏するとそのストレスが仕事から家庭へ悪い影響を与えることに関係すると実証した。これと関連して，母親としての意識の強さや子育てに対する動機づけの高さを表す「母性愛」信奉傾向は，仕事に不満を持っているときに子育てにのめり込むことでバランスを取ろうとする補償に拍車をかけるということも想定できよう。

　それでは，「母性愛」信奉傾向は，仕事から家庭へのポジティヴ／ネガティヴな流出に拍車をかけるのだろうか。仕事でのネガティヴな状況において補償を促進させるのだろうか。これを明らかにするためにも，母親の「母性愛」信奉傾向が職業要因と交絡することで養育状況に影響を及ぼすことを仮定し，その検証を行うこととしたい。養育者の全般的な感情の表出が子どもの社会情緒的なコンピテンスに関連するという研究も多い（Eisenberg, Cumberland, & Spinrad, 1998）ことからも，本章では「母性愛」信奉傾向と子どもに対する感情表出の全体像を捉えることとする。なお，職業要因を考える際，無職／有職の別によって，母親の生活満足感や役割過負荷が異なる（土肥・広沢・田中，1990）のはもちろん，常勤職とパートタイムの別でも，それらや役割葛藤感に違いがある（Barker, 1993）ことから，まずは就業形態を取り上げる。しかし，松浦（2006）にもあるように，就労の有無やライフスタイルそのものが成人女性の精神的健康を向上するわけではなく，個人の主観的な質の向上こそが有効であるということからも，「母性愛」信奉傾向と就業形態そのものだけの交互作用だけを検討することには問題があるだろう。さらに，同じように母親が就業している場合でも，就業形態にかかわらず，仕事での満足感や不満などが大きな意味を持ち，「母性愛」信奉傾向が感情表出に与える影響を左右するかもしれない（例えば伊藤・相良・池田，2004）ことから，職業満足度を考慮に入れることとしたい。以上，多重役割における"流出"と"補償"に「母性愛」信奉傾向がどう影響するのかという視点も入れつつ検証する。

＊ 5-2. 方　　法

調査対象者
　３歳〜６歳の子どもを持つ女性936名。母親の平均年齢35.2歳（*SD*4.27，範囲21-48）。就業状態は常勤職が166名，パートタイムが244名，無職が526名であった。

調査手続き
　福岡県内の幼稚園７園と保育園（保育所含む）８園に調査への協力を依頼し，園ごとに質問紙を配布・回収した。1420部配布し1025部回収，有効回答は936部であった。

調査項目
　母親の年齢や就業形態などのフェイスシート項目の他に，以下のような調査項目を用いた。

　「母性愛」信奉傾向　　第２章で示した「母性愛」信奉傾向尺度12項目[1]を用いた。各項目について５件法（ぜんぜんそう思わない：１〜その通りだと思う：５）で回答を求めた。

　職業満足度　　仕事に関する変数を構成する際，満足感やサポートといったポジティヴな下位概念と，不満やストレスといったネガティヴな下位概念を想定した。ポジティヴな項目として，安達（1998）の職務満足感尺度からパートタイム勤務に適用しうる項目を，それぞれの下位尺度から選定し，16項目を設定した。同様に，ネガティヴな項目として，小杉（2000）の職場ストレッサー尺度から13項目を選定した。５件法（まったくあてはまらない：１〜よくあてはまる：５）で回答を求めた。

　子どもに対する感情表出　　家庭でのポジティヴな感情及びネガティヴな感

　　1）　本章の研究内容にかかわる江上（2007）では，「母性愛」信奉傾向尺度12項目に「母親の愛情はもちろん，子どもを自分よりも大切に想う気持ちや行動こそが子どもには絶対に必要なものである」という１項目を加えた13項目で調査・分析を行ったが，本書は全ての章を通しての統一性の観点から，「母性愛」信奉傾向は江上（2005）から用いている12項目で再分析を行った結果を示すこととした。

情の表出の程度を測定する Halberstadt, Cassidy, Stifer, Parke, & Fox（1995）の Self-Expressiveness in the Family Questionnaire から，positive factor と negative factor でそれぞれ15項目ずつ選定した。その元となった Cassidy, Parke, Butkovsky, & Braungart（1992）の尺度を和訳した園田・無藤（1996）を参考に，対子ども用に特化させ，4件法（まったくない：1〜よくある：4）で回答を求めた。30項目である。

✳ 5-3. 結　果

尺度の検討

　「母性愛」信奉傾向尺度の一次元性の確認と職業満足度尺度・感情表出尺度の因子構造の把握のため，各尺度において主成分分析または因子分析を行った。「母性愛」信奉傾向尺度では一次元性を確認した。職業満足度尺度（Table 5-1）はもともとの尺度に対応する因子が抽出されなかったので，安達（1998）と小杉（2000）の項目をそれぞれ合計し，相関係数を算出した。その結果，高い負の相関（$r=-.75$）が見られたので，尺度項目を再度確認したところ，両者には相互にちょうどその内容を反転したような項目が多かったことから一次元性の可能性が窺われた。主成分分析の結果，一次元性が把握されたので，「職業満足度」尺度と命名した。その後，「母性愛」信奉傾向尺度と職業満足度尺度は尺度ごとに合計得点を求めた。感情表出尺度（Table 5-2）に関しては二因子構造が確認されたため，第一因子を"ポジティヴな感情の表出"，第二因子を"ネガティヴな感情の表出"と命名し，各因子で合計得点を求めた。ポジティヴな感情の表出は「子どもとの相互作用にどれだけ楽しみを覚えているか，子どもとのかかわりにどれだけ積極的に参加しようとするか」ということを示し，ネガティヴな感情の表出は「子どもの行動にどれだけ厳しい振舞い方をしてしまうのか，自分の心理的な状況に応じてどれだけ子どもにいらだちをぶつけてしまうのか」ということを表していると考えられる。なお，各尺度の基礎統計量および Cronbach α は Table 5-3 の通りである。

基礎統計

　就業形態による各変数の差異の検討のため，就業形態別に平均値（SD）を

算出し，F 検定（職業満足度は t 検定）を行い，結果を Table 5-3 に示した。就業形態による職業満足度および感情表出に差は見られなかった。しかし「母性愛」信奉傾向のみ就業形態による差が認められ，常勤職よりも無職の母親の得点が高く（p<.01），同様にパートタイムの母親よりも無職の母親の方が得点は高かった（p<.05）。

「母性愛」信奉傾向と職業要因とが感情表出に及ぼす影響の検討（分析1と分析2）

群分け 江上（2005）と同様，本章でも「母性愛」信奉傾向と他の要因との交互作用効果の介在が仮定されることや，変数間に直線的関連性だけではなく曲線的関連性も想定される。よって，就業形態という要因の他，「母性愛」信奉傾向尺度および職業満足度尺度においては，得点の高低により高い順に30％を高群（以下 H 群），40％を中群（以下 M 群），30％を低群（以下 L 群）に，分析1と分析2のはじめでそれぞれ分類した[2]。それぞれの得点群および就業形態における母親の各群の人数の構成は分析1では文中，分析2では Ta-

Table 5-1　職業満足度尺度の主成分分析結果

項目	成分	共通性
21. 私の職場の人間関係はよい	.77	.59
28. 私の職場のチームワークはよい	.77	.59
29. 私の同僚は仕事のうえで協力的である	.75	.57
22. 今の仕事は私に適している	.74	.55
26. 私は職場のみんなに認められている	.68	.46
25. 私の同僚は仕事以外の個人的なことでも相談に乗ってくれる	.65	.43
*6. 現在担当している業務に興味がもてない	-.64	.41
14. 私は今の仕事に興味をもっている	.63	.40
18. 私は仕事を通じて全体として成長した	.63	.39
*2. 今の仕事は退屈である	-.58	.34
15. 私の会社ではみんなの意見や要望がとりあげられている	.58	.34
*5. 心を許せる同僚が少ない	-.54	.29
17. 私の上司は仕事以外の個人的なことでも相談に乗ってくれる	.51	.26
寄与率（％）	43.28	

注）表中の*は逆転項目である。

5-3. 結　果

Table 5-2　感情表出尺度の因子分析結果 (重みづけなし最小二乗法・プロマックス回転)

項目	F1	F2	共通性
15. 子どもに対して言葉や態度で深い愛情を表す	.65	-.09	.44
18. 子どもが何かうまくいったときに，一緒に喜んであげる	.64	-.11	.44
10. 何かとても楽しいことがあったときにそれを子どもに話す	.60	.03	.36
17. 子どもを自然に抱きしめることがある	.58	-.11	.36
12. 子どもの前でよく感動することがある	.58	.16	.34
28. 子どもが何かをしてくれたときに"ありがとう"と感謝の気持ちを表す	.56	-.05	.32
23. 子どもが沈んでいるときに励まそうとする	.56	.03	.31
30. 自分が悪いと思ったら自分から子どもに謝る	.55	-.03	.30
14. 子どもが困っているときに心から心配する	.54	.03	.28
5. 子どもが良いことをしたときにそれをほめる	.52	-.09	.29
29. 子どもにちょっとした贈り物や手助けをしてあげて驚かせることがある	.48	.03	.23
2. 何かが予想外にうまくいったときに子どもの前で，はしゃぐことがある	.45	.20	.22
19. 何かでちょっとむしゃくしゃしているときに，それを子どもにぶつけることがある	-.05	.62	.39
9. 子どもの嫌いなところを口に出すことがある	-.09	.61	.39
4. 子どもの行動に不満を表すことがある	-.03	.60	.37
26. 子どもをおびえさせてしまうことがある	-.10	.60	.38
22. 何か嫌なことがあったときに，子どもの前で動転することがある	.17	.58	.34
3. 子どもの行動を馬鹿にしたり，けなしたりすることがある	-.10	.57	.35
11. 緊張が高まると子どもの前で自制心を失うことがある	.02	.57	.32
6. 子どものうっかりした行動に腹を立てることがある	-.04	.55	.30
13. 何かうまくいかないことがあったら，子どもの前でがっかりした気持ちを表すことがある	.31	.54	.35
25. 子どもがばかげた失敗をすると，子どもに対して困った気持ちを表すことがある	.01	.52	.27
8. 子どもが興味を持っていることについて拒絶することがある	-.16	.52	.31
7. 何かで失望したり落ち込んだりしたときには子どもの前で泣いたりすることがある	.17	.47	.23
平方和	4.42	3.48	
寄与率 (%)	18.42	14.51	

注) F1はポジティヴな感情の表出, F2はネガティヴな感情の表出である。

Table 5-3　各尺度の Cronbach α と就業形態別による検定結果

尺度名／就業形態	α	無職	パート	常勤職	F値/t値
「母性愛」信奉傾向	.86	38.7 (7.45)	37.3 (7.63)	36.9 (7.84)	F=5.28**
職業満足度	.89		48.2 (9.07)	48.4 (8.62)	t=0.04
感情表出					
ポジティヴ感情	.84	41.6 (4.15)	41.7 (4.31)	41.6 (4.55)	F=0.07
ネガティヴ感情	.84	28.2 (5.03)	28.3 (4.97)	27.7 (4.74)	F=0.86

** $p<.01$

ble 5-4 に示す。

分析1．「母性愛」信奉傾向と就業形態　「母性愛」信奉傾向と母親の就業形態とが子どもに対するポジティヴ・ネガティヴな感情の表出に作用することを検証するために，「母性愛」信奉傾向と就業形態とを独立変数，ポジティヴな感情の表出及びネガティヴな感情の表出を従属変数とした2要因の MANOVA をそれぞれ行った。専業主婦で「母性愛」信奉傾向 L 群は143名，M 群は211名，H 群は172名であった。パートタイムで「母性愛」信奉傾向 L 群は76名，M 群は115名，H 群は53名，常勤職で「母性愛」信奉傾向 L 群は61名，M 群は66名，H 群は39名であった。ポジティヴな感情の表出：MANOVA の結果，「母性愛」信奉傾向の主効果が認められた（$F(2, 927)=9.60$，$p<.001$）。Tukey 法による多重比較により，「母性愛」信奉傾向 H 群と L 群の間（$p<.001$），H 群と M 群の間（$p<.05$），M 群と L 群の間（$p<.01$）にそれぞれ有意な差が認められた。就業状態にかかわらず，「母性愛」信奉傾向が高い母親ほど子どもに対してポジティヴな感情を多く表出している。ネガティヴな感情の表出：MANOVA の結果，「母性愛」信奉傾向の主効果が認められた（$F(2, 927)=5.81$，$p<.01$）。多重比較により，「母性愛」信奉傾向 H 群と M 群の間（$p<.01$），H 群と L 群の間（$p<.01$）に有意な差が認められた。就業形態にかかわらず，「母性愛」信奉傾向が高い母親ほど子どもに対してネガティヴな感情を表出することが少ないと考えられる。

　2）　群分けの際，群の境目に同じ得点の人数が集中した場合は，可能な限りこの割合に近づけることと，L 群と H 群の人数に差が出ないようにすることに配慮した。

Table 5-4 パートタイム・常勤職の別および「母性愛」信奉傾向得点・職業満足度得点の高低による各群の母親の人数

「母性愛」	パートタイム				常勤職			
	L	M	H	合計	L	M	H	合計
職業満足 L	23	35	18	76	16	20	21	57
職業満足 M	27	44	22	93	18	20	14	52
職業満足 H	16	30	29	75	19	24	14	57
合計	66	109	69	244	53	64	49	166

分析2．「母性愛」信奉傾向と就業形態および職業満足度　「母性愛」信奉傾向と母親の就業形態，そして職業に対する満足度が子どもに対するポジティヴ・ネガティヴな感情の表出に作用することを検証するために，「母性愛」信奉傾向と就業形態と職業満足度を独立変数，ポジティヴな感情の表出およびネガティヴな感情の表出を従属変数とした三要因のMANOVAをそれぞれ行った。専業主婦を除いた後，就業形態（パートタイム／常勤職）の別，「母性愛」信奉傾向の得点群，職業満足度の得点群による人数はTable 5-4の通りである。ポジティヴな感情の表出においては，MANOVAの結果，就業形態と「母性愛」信奉傾向と職業満足度との交互作用効果が認められた（$F_{(4, 392)}=3.77$, $p<.01$）。よって，パートタイム・常勤職の母親のそれぞれにおいて単純・単純主効果の検定後，Sidak法による多重比較を行った（Table 5-5参照）。パートタイムの母親の場合，「母性愛」信奉傾向が中程度か高い群では職業満足度が高い方がポジティヴな感情の表出が多いことがわかった（Figure 5-1参照）。一方，常勤職の母親では，「母性愛」信奉傾向が中程度の場合は職業満足度にかかわらずポジティヴ感情の表出に違いは見られなかったが，「母性愛」信奉傾向が低い場合と高い場合は，職業満足度によって表出の程度に差が見られた。具体的には，職業満足度が低い群では，「母性愛」信奉傾向が高い場合も低い場合もポジティヴな感情の表出が少なかった。また，職業満足度が中程度の場合は「母性愛」信奉傾向が高い方がポジティヴ感情の表出も多くなり，職業満足度が高い場合は「母性愛」信奉傾向が低い場合と高い場合が共にポジティヴ感情の表出が高いという，V字型を示す結果となった（Figure 5-2参照）。一方，ネガティヴな感情の表出においては，MANOVA

の結果,「母性愛」信奉傾向と職業満足度との交互作用効果が認められた（$F(4, 392)=5.90$, $p<.001$）。よって「母性愛」信奉傾向と職業満足度とがどのように交絡しているかを確認するため，単純主効果の検定を行った。結果は Table 5-5, Figure 5-3 の通りである。よって，職業満足度が高い場合と低い場合は「母性愛」信奉傾向が高い方がネガティヴな感情の表出が少ないことに対し，職業満足度が中程度の場合のみ，「母性愛」信奉傾向が中程度，あるいは高い方がネガティヴな感情の表出が多いことが明らかになった。

Table 5-5 「母性愛」信奉傾向と職業要因における単純・単純主効果と単純主効果の検定結果

ポジティヴな感情の表出（パートタイム）	
「母性愛」M 群のとき	職業満足 L 群 < M 群
	職業満足 L 群 <<< H 群
	職業満足 M 群 < H 群
「母性愛」H 群のとき	職業満足 L 群 < M 群
	職業満足 L 群 << H 群
ポジティヴな感情の表出（常勤職）	
職業満足 M 群のとき	「母性愛」L 群 << H 群
職業満足 H 群のとき	「母性愛」M 群 < L 群
	「母性愛」M 群 < H 群
「母性愛」L 群のとき	職業満足 L 群 <<< H 群
	職業満足 M 群 <<< H 群
「母性愛」H 群のとき	職業満足 L 群 < M 群
	職業満足 L 群 << H 群
ネガティヴな感情の表出	
職業満足 L 群のとき	「母性愛」H 群 <<< L 群
	「母性愛」H 群 << M 群
職業満足 M 群のとき	「母性愛」L 群 << M 群
	「母性愛」L 群 << H 群
職業満足 H 群のとき	「母性愛」H 群 << L 群
「母性愛」L 群のとき	職業満足 M 群 <<< L 群
	職業満足 M 群 << H 群
「母性愛」H 群のとき	職業満足 H 群 << M 群

注）表中の < は 5 ％水準，<< は 1 ％水準，<<< は0.1％水準で有意である。

5-3. 結　果　67

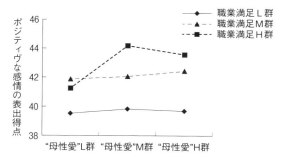

Figure 5-1　ポジティヴな感情の表出における「母性愛」信奉傾向と職業満足度
（パートタイムの母親）

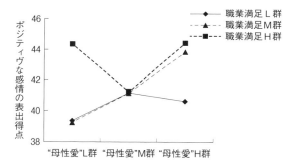

Figure 5-2　ポジティヴな感情の表出における「母性愛」信奉傾向と職業満足度
（常勤職の母親）

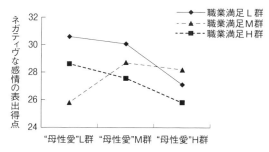

Figure 5-3　ネガティヴな感情の表出における「母性愛」信奉傾向と職業満足度
（パートタイムおよび常勤職の母親）

5-4. 考　察

　本章の目的は，幼児を持つ母親において，「母性愛」信奉傾向が社会文脈的要因のひとつである職業要因，具体的には就業形態・職業満足度と交絡することで子どもに対する感情表出のあり方に作用することの実証であった。以下，得られた結果を踏まえて，順に考察していきたい。

職業満足度尺度および就業形態による差

　本章で作成した職業満足度尺度は，職場環境のよさや仕事内容への興味などの項目が多い。さまざまな項目があった中でもこのような項目が残る理由として，パートと常勤職の別なく，仕事への適応や関与を問題とする中でもより大きな部分を占める要素だということだろう。

　無職・パート・常勤職での就業形態による差が見られたのは「母性愛」信奉傾向尺度のみであった。常勤職よりも無職の母親の方が「母性愛」信奉傾向が高いという結果は，母親の現在のライフコースに適したものであると言えよう。ただし，「母性愛」信奉傾向が元来高いゆえに就業しないという選択を取っているのか，就業していないからこそ，その分も「母性愛」信奉傾向を高く持つことで育児に専念する自分のモチベーションを高めているのか，という因果関係は明らかにされなかった。

分析1．「母性愛」信奉傾向と就業形態

　分析1の結果，「母性愛」信奉傾向によるポジティヴな感情の表出の増大およびネガティヴな感情の表出の低減というプラスの働きが見出せた。無職か有職かということも含め就業形態の別なく，全体的な傾向として，「母性愛」信奉傾向が高いことが子どもとのポジティヴなかかわりを促していると言える。しかし「母性愛」信奉傾向と就業形態との交互作用効果は見られなかった。現在の仕事の有無ではなく，例えば，同じ専業主婦でも，望んでその状況にいる者と異なり働きたいのに働けない状況にいる者は，働きたいという気持ちと「母親役割」についての信念とで役割葛藤感を生み，養育上で大きな問題を呈する（Hock & DeMeis, 1990）。有職の場合も，個人が仕事にどの程度の時間やエネルギーを注いでいるか，そこから得られる満足はどのくらいであるか，

という点が個人の心理的健康を規定する（伊藤他，2004）。したがって，「母性愛」信奉傾向と絡む仕事の要因としては就業形態だけで語ることはできないのだろう。

分析2．「母性愛」信奉傾向と就業形態および職業満足度

分析2では，就業形態だけではなく職業満足度という要因も考慮に入れ，有職の母親に限り分析を行った結果，パートタイムでは，「母性愛」信奉傾向が中程度あるいは高い場合では職業満足度が高いほど，ポジティヴな感情の表出が多いということがわかった。一方，常勤職では複雑な結果となり，職業満足度が中程度の場合は「母性愛」信奉傾向が高い方がポジティヴな感情の表出が多いというプラスの働きをしたにもかかわらず，職業満足度高群では「母性愛」信奉傾向の高群も低群も共にポジティヴ感情の表出が増大するという多義的な結果が明らかとなった。ネガティヴな感情の表出では，就業形態にかかわらず職業満足度が低いまたは高い母親の場合で「母性愛」信奉傾向はネガティヴ感情を低減させるというプラスの意味を持ったことに対し，職業満足度中群の場合ではネガティヴ感情を増大させるというマイナスの意味を有した。以上の結果を踏まえ，母親の就業形態も考慮に入れつつ議論を進めていきたい。

ポジティヴな感情の表出　　パートタイムで仕事に満足していない，および中程度に満足である母親では，ポジティヴな感情の表出は「母性愛」信奉傾向の高低にかかわらず一貫している。パートタイムの場合，常勤職と比較して，一般的に時間の制約や雇用の契約・解除などで柔軟性があり（Barker, 1993），役割葛藤感が生じにくいと思われる。そのため，伝統的性役割観に基づいた母親役割を強調する「母性愛」信奉傾向の高低に左右されにくく，職業満足度に規定された結果となっている。よって，パートタイムの母親におけるポジティヴな感情の表出に関しては，「母性愛」信奉傾向が流出や補償の役割を持つことはなかった。

一方，常勤職で職業満足度が中程度の場合，「母性愛」信奉傾向の高さは子どもへのポジティヴな感情表出を増大させる結果となった。常勤職の女性の場合，男性と同等に職業生活が主観的幸福感に影響を与えるほど大きなものである（伊藤他，2004）。したがって，仕事に不満も満足感も抱いていないような母親では，「母性愛」信奉傾向の高さ，すなわち子どもとのかかわりに喜びを

見出しやすく、子どもと積極的にかかわりたいという意識の強さが、子どもと一緒にいられる限られた時間の中での愛情や思いやりの行動としてダイレクトにあらわれた結果ではないだろうか。次に、仕事における満足感が高い母親では、「母性愛」信奉傾向の高さだけにとどまらず、「母性愛」信奉傾向の低さもそれがプラスに働く結果となった。先述したように、常勤職の母親にとって、職業生活が与える影響は甚大である。したがって、仕事に満足している母親、すなわち心理的な健康度が高い（伊藤他, 2004）母親にとっては、「母性愛」信奉傾向の高さが自分を追い詰める要因にはならなかったと考えられる。これはすなわち、よい意味での仕事から家庭への流出を促進したと言える（例えばGreenberger, O'Neil, & Nagel, 1994）。その一方で、仕事に満足している、つまりやりがいがある分、逆に、子ども優先の考え方ではない、すなわち「母性愛」信奉傾向という信念を持っていない方が、現在の自分の生き方ともむしろ矛盾しないため、子どもに対してポジティヴなかかわり方ができるのだと考えられる。

ネガティヴな感情の表出　ネガティヴな感情では就業形態による結果の違いは見られなかった。就業形態の別なく仕事に満足している母親は、生活満足度が高く（土肥他, 1990）、精神的に健康であることが多いと考えられるため、その心理的な安定が「母性愛」信奉傾向の高さによって子どもを見る温かい目へとつながる、つまり「母性愛」信奉傾向が仕事から家庭へのよい意味での流出を促進させている結果となったのだろう。しかし仕事に満足していない母親でも「母性愛」信奉傾向が子どもへのネガティヴな感情表出を低減させている。仕事に満足していない場合、"育児優先"の考え方であるとも言える「母性愛」信奉傾向が、仕事での不満から目を逸らさせ、補償的な役割を持ったと言える。ここでは「母性愛」信奉傾向はプラスの意味を有しているが、仕事に対する満足も不満も弱い母親の場合は、むしろ「母性愛」信奉傾向が高い方がネガティヴな感情を増大させるというマイナスの働きをした。これは、仕事と家庭との間でバランスを取りにくい、ある意味中途半端な状況下で心理的な迷いや葛藤・ジレンマが生じた結果ではないだろうか。

結　論

　以上より、本章でも「母性愛」は多義的で正負両面の意味を有するものであ

ると結論する。「母性愛」を信じ込む傾向は，その母親が置かれた状況によって，精神的に追い詰める要因にも，母親として生きている喜びを見出す要因にもなりうるのである。そしてそれは同時に，仕事と育児の間にある流出の促進や補償の意味も持つものである。さらに，「母性愛」信奉傾向がポジティヴな感情表出にも影響を与えたことから，「母性愛」信奉傾向は母子間における日常的なやりとりも含め，より広範囲な影響力を持つ可能性があるということもわかった。

課　題

　以下，本章で得られた課題を述べて結語としたい。本章では社会文脈的要因のうちの大きな変数のひとつとして職業を取り上げたが，今後は，同じ家庭外役割として西田（2000）や松浦（2006）が述べているように，母親のボランティア活動やサークル活動なども含めた「社会活動」も変数について取り入れるべきかもしれない。次に，最も重要な点であるが，Belsky（1981）は社会文脈的要因の中でもとりわけ夫婦関係におけるストレスやサポートが重要な要因であると言及しており，養育行動や母子関係に作用する（例えばKanoy, Ulku-Steiner, Cox, & Burchinal, 2003）だけでなく，子どもの適応や発達にも影響するものだとされている（例えばGable, Belsky, & Crnic, 1992）。とくに本章では実質的に専業主婦における社会文脈的要因の影響を見ることができなかったことからも，夫婦関係という大きな要因と「母性愛」信奉傾向とが交絡して養育をどのように左右するかを明らかにしなければならない。

♣ 第6章 ♣♣♣
母親が有する「母性愛」信奉傾向の主観的な意識

✳ 6-1. 問題と目的

　本書は第3章から第5章まで，母親の「母性愛」信奉傾向と，母親をとりまくそれぞれの要因とが交絡することで，母親の子どもに対する感情制御・表出に影響を与えるということを質問紙調査によって検証してきた。しかし，それらのような数量的解析のみからでは，母親のリアルな生活文脈の中で「母性愛」信奉傾向がどのように浸透し，それが実際に子どもとの向き合い方や接し方に影響していくのかということが見えない。

　これに関して，やまだ（1995）が指摘しているように，昨今，定量的データのみで発達という現象にアプローチすることへの限界と反省がなされるという流れが定着しつつあり，氏家（1996）の「統計的操作によって再構成された事実は，現実によってテストされなければならない」という指摘からも，今後本研究で得られた「量的」な知見を「質的」に確かめる作業が必要であると考えられる。Birns & Hay（1988）も，母親を感情，思考，行動，興味，関係，歴史，将来などを含めた統合的な存在として捉えることで「母性」や「母性愛」も究明できるかもしれないが，そのためには面接・インタビューという方法がより重要になってくるだろうと述べている。実際に，育児経験は主観的な経験であり，個人の内的経験である。客観的事実がどうであれ，子どもを育てる体験は一人ひとり持つ意味が異なる（川村，2007）。Beck-Gernsheim（1989/1995）も，母親になるという経験が自明で等しいものではなく，個人の生き方の中で選択され，営まれていくものだと位置づけられると述べている。またこれこそが，まさにその母親一人ひとりをとりまく世界に対する知覚レンズ（氏家，

6-1. 問題と目的

1996）のあらわれであると考えられ，子育てにおいて，この知覚レンズの影響は大きいものだと言える（氏家・高濱，1994）。

例えば，第3章から第5章までの「母性愛」信奉傾向高群に属するような母親たちでも，その個人によって「母性愛」信奉傾向の主観的な受け止め方とその考え方をどのように子育てで実現しているのかという様相が異なる可能性は否定できない。したがって，本章では，前章までの協力者と同様に子育て期にある母親に対して面接調査を行い，母親が語る「母性愛」信奉傾向について質的な検討を行うことで，これまでの質問紙調査だけでは明らかにされなかった，母親個人が抱いている「母性愛」信奉傾向の主観的な意識を探ることとする。

具体的には，本書第2章で作成した「母性愛」信奉傾向尺度に回答させ，その操作的な定義を伝え，それに対する意見や印象を語らせることから，母親の「母性愛」信奉傾向のあり方を明らかにしたい。そこで得られた語りには，「母性愛」信奉傾向尺度の高低という量的な違いだけではなく，何らかの質的な異なるパターンが見られるのか，見られたとしたらどのようなものか，そして尺度得点から想定される語りがあらわれるのか，そうでないならなぜそのような語りが得られたのか，ということを考察していく。

母親になる経験をどう感じてどのように意味づけるかということについては，その個人の生き方や生活の状況によって多分に異なる（Oberman & Josselson, 1996）。これと関連して，これまでの章では母親の生き方や状況のひとつとして母親の就業形態については触れてきたものの，母親の学歴についての検討はできていなかった。しかし，永久・柏木（2000, 2002, 2005）の一連の研究によると，高学歴であることが女性の家庭役割以外の領域への関心や能力の自負などを変える重要な要素であると結論されている。ゆえに，本章での協力者である母親の一人ひとりが「母性愛」信奉傾向を有するか持たないか，という点でも，学歴が大きな要因を占める可能性も考えられる。そのため，得られた語りから母親をグループ化して特徴を述べた後，事例を取り入れつつ，就業形態および学歴という母親の属性も考慮に入れながら分析していく。そして，各グループの特徴を踏まえたうえで，グループ間での比較・検討を統合的に行い，類似点と相違点を整理する。さらには，それぞれのグループにおける

「母性愛」信奉傾向尺度得点の平均値も算出し，その違いについても検討する。

したがって，本章では，①「母性愛」信奉傾向についての簡単な印象や思い，②個人の体験も含めた，「母性愛」信奉傾向についてのより深い考え方，という二つの問いから得られた回答と，「母性愛」信奉傾向尺度，年齢や就業形態などの基本的な情報についての簡単な項目から構成された質問紙で得られた回答から，これまでの章で検証されてこなかった，母親が抱いている「母性愛」信奉傾向の主観的な意識の把握を試みる。さらには，得られた結果から，「母性愛」信奉傾向に関する研究を発展させる方向性を見つけたい。

✽ 6-2. 方　　法

調査対象者

　2歳～6歳の子どもを持つ女性28名。母親の平均年齢33.3歳（SD 5.1，範囲23-44）。就業状態は常勤職が3名，パートタイムが3名，無職が21名，大学院生が1名であった。学歴は高校が10名，専門学校が4名，短大が7名，大学が5名，大学院が2名であった。子どもの数は，平均1.7人（範囲1-3人）であった。なお，全ての協力者の基本的な情報は，Table 6-2に示す。

調査手続き

　福岡県内の幼稚園1園と保育園2園に，本書第2章にかかわるアンケート調査を行った際，その紙面の最後にインタビュー調査への協力を依頼し，承諾してくれる場合に連絡先を書いて貰うよう頼んだ。連絡先が記入してあった場合には直接連絡し，さらに承諾が得られたら協力者の自宅，または大学の研究室，喫茶店などでインタビュー調査を行った。また，この際のインタビュー調査への協力者の紹介を通し，神奈川県，東京都，埼玉県，京都府に住む母親にも依頼し，合計で28名の母親からの協力を得た。面接に際しては，はじめに協力者と十分なラポールをとった上で，フェイスシート項目や「母性愛」信奉傾向尺度を含む簡単なアンケート用紙上，さらに口頭による説明で守秘義務を明確にし，ありのままを語ってくれるように依頼した。同意を得た後，調査を開始した。なお，インタビュー調査は半構造化面接であり，質問項目をあらかじめ設定し，チェックリストを持ったうえで臨んだ。同時に，面接中は適宜，協

力者にとってできるだけ自然な会話に近い様子で進めていけるように努めた。また，協力者の同意の上，面接中の発話は全て音声記録に残した。面接に要した時間は，協力者ひとりあたり約10分〜約35分であった。

調査項目

現在の家族構成や就業形態，学歴などの基本的な部分について簡単なアンケートに回答させた後，「母性愛」信奉傾向尺度の12項目を協力者に回答させ，「母性愛」信奉傾向の操作的な定義を述べたうえで，①「このような考え方についてどのように思われますか」，②「そのように意識されるきっかけなどはありましたか」という設問を用意した。設問①では，「母性愛」信奉傾向に対する簡単な印象や意見を聞き，②では，具体的な事態を想像させることで，個人的な語りや豊富な内容を引き出すことにした。

6-3. 結　果

本章では，28名の母親から得られたインタビューデータを主な分析対象とした。分析1では，「母性愛」信奉傾向に関する二つの設問に対する語りから，母親のグループ化を試みた。これによって，「母性愛」信奉傾向が高低のみで測られるのか，そうでないグループが出現するのか，各グループの「母性愛」信奉傾向尺度得点はどのようなものとなっているか，ということを就業形態や学歴とも絡めながら，各グループにおける事例も取り上げて検討する。分析2では，分析1で得られた結果をもとに，グループ間ではどのような類似点と相違点があるのか，それが生じる背景にはどのような要因が考えられるのか，ということを分析することとする。

分析1．「母性愛」信奉傾向に関する回答による母親のグループ化

質問①と②に対する回答について，「母性愛」信奉傾向を受容しているのか，拒否しているのか，また受容・拒否という二分法的な見方ではなく，どのように受容しているのか，そこに葛藤や矛盾はないのか，なぜ拒否しているのか，といった面から分析を試みる。録音した発話を全て逐語録に起こした後，「母性愛」信奉傾向に関する回答を，6つのグループに分類した。分類の際は，まず，その個人の語りの内容をエピソード単位で区切った。エピソードの

定義は，一文の長短や文の数とは無関係に，「同じ内容について言及している話」とした。なお，同じ内容の流れからまた違った事例の話をした際，具体例の説明付加等は別のエピソードとして数えた。次に，それぞれのエピソードを「母性愛」信奉傾向について肯定的か否定的か判別不能かということで三種類に分けた。個人の語りにおいて一貫して矛盾無く肯定的エピソードを語ったものを「肯定群」，同様に一貫して否定的な語りをしたものを「否定群」として決定した。一方，協力者の中には，「母性愛」信奉傾向を最初は矛盾無く肯定（あるいは否定）しながらも，語りを進めていくうちに，異なる言及を行う者

Table 6-1 「母性愛」信奉傾向に関する質問の回答から得られたタイプと尺度得点（SD）

グループ	定義	人数	語りの例（一部）	尺度得点
A. 肯定型	「母性愛」信奉傾向を矛盾・葛藤なく肯定するような語り。	7	絶対もう，ある時期があると思うんですけど子どもが小さいうちは母親が絶対必要というか，子どもの方が母親をこう，求めてくるんですよね。	49.3 (4.23)
B. 肯定不可能型	「母性愛」信奉傾向を肯定していながらも，実際のところ，自分には不可能であるという語り。	3	育児に専念，頭ではですね，それが大事かなって思うんですけど，実際自分にはちょっと無理かなっていう部分があるんで。	35 (3.61)
C. 自分肯定型	自分は「母性愛」信奉傾向を受容しているが，全ての女性がそうではないという語り。	6	子どものためならもう，"無償の愛"じゃないけれども，自分は死んでも守りたいと思うけど，それは皆が皆そうじゃないと思う。	40 (6.42)
D. 部分否定型	「母性愛」信奉傾向をある部分では肯定し，ある部分では否定するという語り。	4	確かに母親を必要としてて，うちの子もそうだけど，専念するのが第一ってなるといまの女性の生き方をすごい制限しちゃうんじゃないかと思う。	37.8 (6.18)
E. 否定実行型	「母性愛」信奉傾向を否定しつつも，実際自分は実行している，してしまうという語り。	3	男性も女性も助け合うってやるっていうのがベースになってるんで。ただ現実，どちらかっていうと，私の場合は育児に専念している方なんですね。	37 (3.61)
F. 否定型	「母性愛」信奉傾向を矛盾・葛藤なく否定するような語り。	5	女性にとって母親になることだけが，こう，何か目的になるとか，子どもを産んで一人前っていうことにはすごく不自然さを感じる。	28.6 (7.96)
全体		28		39.1 (8.79)

Table 6-2 協力者全員の基本的な情報と得られた語りのタイプ・尺度得点

ID	年齢	家族構成	就業形態	学歴	タイプ	尺度得点
01	44	夫,長女（6歳）	専業主婦	短大	A（肯定型）	41
02	32	夫,長女（3歳）,長男（1歳）	専業主婦	高校	A（肯定型）	52
03	34	夫,長女（9歳）,長男（7歳）,次男（2歳）	専業主婦	専門学校	E（否定実行型）	41
04	34	夫,長男（3歳）,次男（1歳）	専業主婦	高校	A（肯定型）	52
05	38	夫,長女（5歳）	専業主婦	短大	C（自分肯定型）	40
06	25	夫,長男（2歳）	専業主婦	大学院	D（部分否定型）	29
07	34	夫,長女（4歳）	専業主婦	短大	F（否定型）	25
08	36	夫,長女（2歳）	専業主婦	大学	A（肯定型）	51
09	35	夫,長男（5歳）,長女（3歳）,次女（1歳）	常勤職	短大	B（肯定不可能型）	39
10	29	夫,長男（2歳）	専業主婦	高校	C（自分肯定型）	40
11	28	夫,長男（2歳）	専業主婦	専門学校	D（部分否定型）	38
12	35	夫,長男（15歳）,次男（11歳）,長女（3歳）	専業主婦	高校	A（肯定型）	51
13	34	夫,長女（7歳）,長男（5歳）	常勤職	短大	C（自分肯定型）	44
14	43	夫,長男（15歳）,次男（6歳）	常勤職	専門学校	F（否定型）	37
15	39	夫,長男（9歳）,次男（4歳）	専業主婦	大学	B（肯定不可能型）	34
16	28	夫,長女（2歳）	専業主婦	専門学校	A（肯定型）	52
17	33	夫,長男（5歳）,長女（1歳）	専業主婦	大学	C（自分肯定型）	37
18	23	夫,長男（2歳）	専業主婦	高校	E（否定実行型）	34
19	32	夫,長女（5歳）,次女（3歳）	パート	短大	F（否定型）	27
20	32	夫,長男（5歳）	専業主婦	高校	D（部分否定型）	41
21	37	夫,長男（6歳）,長女（3歳）	大学院生	大学院	F（否定型）	18
22	31	夫,長女（3歳）,長男（1歳）	専業主婦	高校	A（肯定型）	46
23	28	夫,長男（2歳）,次女（0歳）	専業主婦	大学	D（部分否定型）	43
24	35	夫,長女（7歳）,次女（5歳）,長男（3歳）	専業主婦	短大	B（肯定不可能型）	32
25	31	夫,長男（3歳）	専業主婦	高校	C（自分肯定型）	49
26	39	夫,長女（5歳）	パート	高校	C（自分肯定型）	30
27	25	夫,長女（3歳）,長男（1歳）	パート	大学	F（否定型）	36
28	37	夫,長男（5歳）,次男（1歳）	専業主婦	高校	E（否定実行型）	36

第6章 母親が有する「母性愛」信奉傾向の主観的な意識

Table 6-3 「母性愛」信奉傾向のタイプと母親の就業形態（人数）

グループ		常勤職	パートタイム	専業主婦	大学院生
A.	肯定型	0	0	7	0
B.	肯定不可能型	1	0	2	0
C.	自分肯定型	1	1	4	0
D.	部分否定型	0	0	4	0
E.	否定実行型	0	0	3	0
F.	否定型	1	2	1	1

Table 6-4 「母性愛」信奉傾向のタイプと母親の学歴（人数）

グループ		高校	専門学校	短大	大学	大学院
A.	肯定型	4	1	1	1	0
B.	肯定不可能型	0	0	2	1	0
C.	自分肯定型	3	0	2	1	0
D.	部分否定型	1	1	0	1	1
E.	否定実行型	2	1	0	0	0
F.	否定型	0	1	2	1	1

もいた。その場合，葛藤や矛盾が見られた協力者は，その発言内容に従い，「肯定不可能群」・「自分肯定群」・「部分否定群」・「否定実行群」の4つのいずれかに分類した（Table 6-1参照）。なお，心理学専攻の大学院生1名に，ランダムに選択した10名分の全てのエピソードを含んだプロトコルと6つのグループ名及びその定義を説明し分類を依頼したところ，10名全ての分類が筆者と一致した。グループ名とその定義，人数，語りの例はTable 6-1の通りである。また，Table 6-2では，全ての協力者のIDとプロフィール，語りのタイプと「母性愛」信奉傾向の尺度得点を示した。Table 6-3は，Table 6-1で得られたグループ別の就業形態，Table 6-4では各グループにおける学歴をまとめたものである。

以下，Table 6-1およびTable 6-2，Table 6-3，Table 6-4に示した各グループにおける「母性愛」信奉傾向に対する語りの特徴について述べていく。IDは協力者番号，（　）内は筆者による内容の補足である。また，「　」

部分は協力者の語りの部分である。

　グループＡ：「肯定群」　このグループは，「母性愛」信奉傾向を矛盾・葛藤なく肯定する母親たちのグループである。以下に，この群全ての母親の言及例を一部ずつ挙げる。

> ID01：「キャリアウーマンの人こそ家庭を，子どもを，って思うんです。プラスになるっていうか，もっといい人生になるっていうか。」
>
> ID02：「子どもさえ産んじゃえば，もう後はただ保育園にあずけて，女だって働けるんだから，働け。みたいなのだと，ちょっと賛成できない。」
>
> ID04：「(「母性愛」信奉傾向のような考え方は) 自然なことですね。ちょっと考えてしまうようなことはなかったです。」
>
> ID08：「どんなことでもするつもりでいる，とか自分を犠牲にすることができるとかって，多分まあ，そうなんだ，客観的に見たらそうなんだとは思うんですけど，そういう，別にそういうつもりでいるわけではなく，そうしてしまう，みたいなぐらいに。」
>
> ID12：「子どもに対して何が一番大事かって言う感じ。例えば，裕福な食事が必要か，いいご飯が食べれるけど，お母さんがいないか，それとも，たとえ納豆ご飯でも，お母さんが一緒に食べれるかとか，っていうくだらないんだけど，(中略) たとえ，納豆ご飯でもお母さんが一緒にいて食べた方が絶対おいしいって。」
>
> ID16：「子どもがちっちゃいうち，三歳までは育てなくちゃ，とか。言われて。(中略) やっぱりなんかあずけるのもかわいそうかなって思う。」
>
> ID22：「やっぱり子どもが小さいうちは，家で一緒にいてやりたいと思いますし。私は，今のところ，家計が苦しくなければ，専業主婦でいたいと思ってますね。」

　以上のような言及例に見られるように，この群の母親は，女性は一般的に家庭で子どもを育てる方が自分にとっても子どもにとってもいいのではないか，

という考え方を持っている。このグループの母親たちは、もちろん、言及の程度には言及量や強弱の質の違いは見られても、言及例にもあるように「自分が育児や家庭に専念したい（またはそうするべき）」と思うだけではなく、「女性や母親が一般的にそうした方がいい」という考え方をしていることが特徴だと言えよう。また実際に、多少の得点差は見られても、「母性愛」信奉傾向の尺度得点もこの群の7名全員が全体の尺度得点の平均値よりも高く、群による平均値を比較しても、各群の中でも最も高いものとなった。さらに、この群に属する全ての母親が専業主婦であった。このことからも、「母性愛」信奉傾向を全面的に受容し、現実的に子育てに専念しているということがわかる。学歴に関しては、全員ではないが、高卒の協力者が多かった。これも、女性の高学歴化・有職化は家庭役割以外の領域を広げるという、永久・柏木（2000, 2002, 2005）の研究と関連のある結果である。ただし、ID08は大卒で、妊娠したときも「産休が明けて一年経ったら子どもを保育所にあずけてすぐに仕事に戻るつもりだった。」、「職場環境も良かったし、戻るはずだった。」と述べている。しかしながら「子どもと頬を合わせた瞬間にばあっとなって、なんて可愛いんだろう。」と感じたと述懐し、それからは「子どもに負担がかかると思って、仕事を辞めた。」と語った。また、現在は「子どもと一緒の時間こそが楽しい。」とも語っている。学歴が高くても、本人の意思とはまた別の何かのきっかけで、「母性愛」信奉傾向を受容するようになるということもありえるということだろう。

　以上のようなことから、ID08も含め、この群の母親は、「母性愛」信奉傾向を支持することにおいて現時点での矛盾や葛藤が無く、自ら「母性愛」信奉傾向を引き受けて現実的に子育ての場面でも実践しているということが、語りの特徴や得点の高さと直結していると思われる。

　　グループB：「肯定不可能群」　このグループは「母性愛」信奉傾向を肯定しながらも、「自分には無理」「できない」と考えている母親たちのグループである。以下に、この群全ての母親の言及例を一部ずつ挙げる。

　　　ID09：「（育児に）専念することがいいんだろうけど、私にはちょっとできないって思うようになりました。」

6-3. 結　　果

ID15：「女性が子どもに，子育てに向いている？　という方向？　だいたいそうなんだろうけども，私自身があまり子育てに向いているとは思えない部分っていうのがたくさんあって。」

ID24：「育児に専念，頭ではですね，それが大事かなって思う部分もあるんですけども実際自分にはちょっと無理かな，っていう部分があるんで。まあ育児だけ，っていう風なのは，とても我慢できないかなっていう部分があるんで。」

　以上の言及例に見られるように，この群では「母性愛」信奉傾向を肯定しつつも，「実際はできない」，「向いていない」と捉えている。つまり，「母性愛」信奉傾向を肯定しているという点ではA群（肯定群）と同じであるが，この群は「頭では『母性愛』を信奉した方がいい」とは思いつつも，「現実の自分には明らかに合致しない」という印象を持っている点が特徴的である。理想と現実とのギャップが大きい群であると言っていいだろう。具体的には，ID15とID24は，「母性愛」信奉傾向についてはポジティヴな語りを一貫して行ったにもかかわらず，現在の自分の「思うようにできていない」育児については一貫してネガティヴな語りをしており，「自分は子育てに向いていない」と語った。これは，溝田・住田・横山（2003）の研究でも主張されているように，母親の母性観における意識と行動が一致していれば，安定的に育児を行うことができ，一致していなければ不安な気持ちで育児を行うことになるということのあらわれではないかと考えられる。

　もうひとつの特徴としては，「母性愛」信奉傾向の尺度得点が相対的に他の群よりも低いということだろう。もちろん，F群（否定群）と比較すれば高いとも言えるが，語りの中では「母性愛」信奉傾向を肯定しているということから，むしろ尺度得点は高いと予想される。しかし，実際はむしろ低めであった。実際，ID09は，「最初は自分でも仕事を再開するつもりはなかった。」が，「保育園のすすめもあったし，ちょうど閉塞感や疎外感を感じていたから，仕事をはじめた。」と言う。その結果，「仕事をさせてもらっているから，休日はなるべく一緒にいてあげる，という風に（育児の）モチベーションを保っています。」と述べていた。ID09は，「母性愛」信奉傾向をもともと肯定しており，

現在も肯定しているが，実際に子育てに専念する生活を送ってみて，いろいろと悩むことが多かったという。そして，徐々に「母性愛」信奉傾向を引き受けたような生活は自分にはできないと実感したという。その突破口として，仕事を始めてみて，楽になったと語っていた。これらの結果から，「母性愛」信奉傾向という信念を持っていても，実際の自分との乖離に直面している母親は，その乖離を感じていない母親と比べると，その信念に確信を持てなくなり，信念が緩和される可能性が示唆された。

グループC：「自分肯定群」　このグループは，「母性愛」信奉傾向を自分は賛成・受容しながらも，全ての女性がそうであるわけではないと考える母親たちのグループである。以下に，この群全ての母親の言及例を一部ずつ挙げる。

> ID05：「私は，そうしてあげたい。もう子どものためにはもう，何も，もうほんとに"無償の愛"じゃないけれども，自分は死んでも守りたいと思うくらいだけど，それがみんながみんなそうなのかな，とは，そうじゃないみたいだし，それを人にも押しつけようとは思わないし，という感じですね。」
>
> ID10：「私は，（「母性愛」信奉傾向のような生活が）普通のことですね。仕事してないっていうのもありますけど。仕事してる方はやっぱりそこまで手が回らないとかあると思うんですけど。」
>
> ID13：「産んで，ほんとがらっと世界が変わって，自分が母親っていう部分が強くなってるなって感じはありますね。（中略）結婚して女は絶対産まなきゃいけないって言うのもおかしいと思うし。だから，人は人。ほんとにそう思いますけど。」
>
> ID17：「私は（子どもと一緒に）いてあげた方がいいと思ったから，この道を選んでますけど，うん。絶対ほんとにイライラするって人の気持ちもわからないでもないから。そういう人は働く？　働いて保育所に子どもさんをあずけるっていう道もあってもいいのかなとは思います。」
>
> ID25：「私自身は（「母性愛」信奉傾向のような考え方が）自然だと思いま

すけど，一般的に考えると，また違うとは思うんですけど。」
ID26：「私にとってはまあ，（「母性愛」信奉傾向のような考え方が）普通のことですね。ただ，産みたくても産めない人とかもいるから，そういうのが世間一般の女性全部に当てはまるかというと，そうでもないと思うけど。」

　以上のような言及例を参考にしながら，特徴を述べる。この群の母親は，自分自身は「母性愛」信奉傾向を受容しているが，「一般的に全ての女性がそうである必要はなく，そうでない道があってもいい」とする考え方を持っている。つまり，「母性愛」信奉傾向を受容している自分と他の女性とを区別して語っている点が特徴的であろう。この群に属する全ての母親が「（「母性愛」信奉傾向のように）決め付けるものじゃない」や，「断言はできないけど」などという言葉を用いていた。また，6名中の5名が，「子どもが生まれて，育てていくうちに自分が母親っていう部分が強くなってきて，こういう風に（「母性愛」信奉傾向のように）思ってきました。」や，「子どもが大きくなるにつれて，いろいろ子育てについて考えますよね。その中で，悩んだり苦しんだりする中でやっぱりこんな風に（「母性愛」信奉傾向のように）思うようになりました。」と語った。これらのことから，この群の母親はおそらく，女性一般を「母性愛」信奉傾向に当てはめるのは無理があると思いながらも，実際に自分が子どもを育てていく中で，徐々に「母性愛」信奉傾向に近い考え方を持つようになってきた母親たちであると思われる。これは，Terry（1991）や柏木・若松（1994）の研究で明らかになったように，親となることで柔軟性や自己抑制・自己の強さに関する成長が見られ，それがとくに母親において著しいという結果とも関連しており，その特徴がこの群ではあらわれているのではないかと考えられる。
　そして，「母性愛」信奉傾向の尺度得点に関しても，「母性愛」信奉傾向を受容しているにもかかわらず，全体の平均値とほぼ変わらない得点となっている。個人の得点を見ても，もちろん個人差はあるが，おおむね平均値周辺か平均値より若干高い得点である。これも，語りの特徴と同様に，「母性愛」信奉傾向を絶対的なものであるとは捉えていないまでも，自分は「母性愛」信奉傾

向を受け入れているということを自覚している結果ではないだろうか。

　グループD：「部分否定群」　このグループは，「母性愛」信奉傾向のある部分には賛成しながらも，ある部分については拒否しているという，肯定とも否定とも言えない母親たちのグループである。以下に，この群全ての母親の言及例を一部ずつ挙げる。

> ID06：「自分がもし迷わなければ，人に何を言われても，辛いっていうか，そういうことはないと思うんだけど，自分が（子どものそばにいないことを）かわいそうなんじゃないかって思ってしまうから，それでいろいろ悩むことが多い。（中略）子どもは母親を必要としてて，やっぱりうちの子も，ママ，ママ，って困ったときもあんまりパパのところにいかないんだけど，専念するのが第一ってなると，今の女性の生き方をすごい制限しちゃうんじゃないかと思うんですよ。」
>
> ID11：「（「母性愛」信奉傾向のような考え方について）なんかそういう気持ちになったっていうのが正直な気持ちかもしれない。（子どもが）生まれてから。（中略）母親だからって言うのが，必ずしもこうじゃなきゃいけないっていうのはないと思うんですよ。うん。だからその責任っていうのは母親になったらある，と思うけど，絶対母親だからっていう決まりはないし，父親だって，うん。子育てっていうか，子どもが生まれるとその子どもを育てるっていう責任は父親にだってあるから，母親だけではないと思うんですね。」
>
> ID20：「やっぱ母親が一番あれなのかな，とも思うんだけど，でもその母親を支えてもらわないとダメな部分もあるな，みたいな。（中略）どっちかっていうと子ども優先ってなっちゃうけど，自分もやっぱり大事かなってなっちゃうっていうのもあるかな。」
>
> ID23：「子どもはかわいくて一緒にいたいって気持ちもあるけど，それだけが全てじゃないってのがみんなあるんじゃないかなって思って。（中略）うん，専念することだけが一番とは思っていないので。」

6-3. 結　果

　以上のような言及例から，この群においては次のような特徴が考えられる。他のグループがそれぞれの特徴を有しながらも，「母性愛」信奉傾向という信念を「肯定」するか「否定」するかという点においてはわかりやすい語りであったことと比較し，「どちらとも言えない」，「子どもは大事だけど育児に専念する必要はないのでは」「あずけて仕事をしたいけれど子どもがかわいそう」というような「揺れ」る表現が多かった点が大きな特徴であろう。中でも，ID06はその矛盾した気持ちに実際に「悩んでいる」という語りをしている。女性は，母親になることで獲得と喪失という両側面を経験し（Nicolson, 2001），育児においても自分と子どもというアンビヴァレントな感情を併せ持つ（Swigart, 1991/1995）。先述したID06をはじめ，ID11もやはり「最初ですね，私は，母親になるっていうことに，なんだろう，なりきれない自分がいたんですよね。やっぱり今まで自分がやりたいときにいろんなことができるっていう自由があったけど，母親，っていうか子どもができちゃうと，それができなくなるでしょ？　それがすごく嫌でたまらなかった，最初は，うん。」というように，自分の自由な時間が奪われるように感じることが嫌だった一方で，「けど，やっぱりね，自分が見なきゃとかそういう，もう日々の積み重ねなんだろうけど，それによって芽生えてきたっていうのかな，なんか，愛情が。」というように，子どもが可愛いと実感するようになっている。それぞれの母親が，どのようにその「揺れ」に落としどころをつけるのか，あるいはそのままなのか，ということは本章の結果からだけではわからないが，この群の母親による語りから，ID06やID23のように高学歴である母親以外でも，個人としての自分と母親としての自分との緊張や葛藤を抱えている母親は確かに存在すると言えるだろう。

　「母性愛」信奉傾向尺度の得点については，群の平均が全体の平均ともそれほど変わらない。得点が極端に高くも低くもないことから，やはり，語りでも見られたように，明確な「肯定」でも「否定」でもない考え方のあらわれであると言えるだろう。

　グループE：「否定実行群」　このグループは，「母性愛」信奉傾向を否定しつつも，実際の自分は「母性愛」信奉傾向のような生活をしていると語る母親たちのグループである。以下に，この群全ての母親の言及例を一部ずつ挙げ

ID03：「別に産みの母親が一番いいわけじゃないと思うんですよ。それは断定できない。でも，えっと，あの，やっぱり自分を犠牲にしてしまう部分が実際のところ多いかなって。」

ID18：「やっぱ母親だけがこう，こういうことに関しても，怒るとか，やっぱり周りの方に気がついて欲しい面もあるし，ですね。しつけをするっていうか，うんそうですね。でも私は我慢できてますね。」

ID28：「女性だから育児が，育児専念っていう考えではないんですよね。やっぱり，男性も女性も助け合うってやるっていうのがベースになってるんで。ただ現実，なかなかそうならない部分が多々あるんですよね。どちらかっていうと，私の場合は育児に専念している方なんですね，いま。」

以上のような言及例に見られるように，この群の母親は，一般的に，女性が母親という役だけに専念する必要はないと考えている。しかしながら，「実際は（育児に）専念している」，「我慢している」というように，自分の信念とは異なる現実面での自分を語ったという点が特徴的である。つまり，そのような意味で，理想と現実とのギャップが大きい群であると言っていいだろう。ID03は，五年前，閉塞感から育児ノイローゼになったという。「あの，主人は帰ってくるのが遅いので，夜にならなきゃ日本語の会話ができないって，それがすごく閉ざされている社会から離れてるって感じがして，すごくつらかったですね。今思えばね。」と当時のことを振り返って語っていた。自分はむしろ「母性愛」信奉傾向とは異なる認識をしていたが，夫とその実家の家族が自分に母親役割を強く求めるところだったことから，家庭に入ることにした結果，強いストレスが生じたという。ID28も，現在は育児に専念しているが，「心の中では，いや，そうじゃないんじゃないのって思う部分があるから，どうしてもってやってる部分があるうえに，心の中では否定する部分もあるから。」悩むのだと語った。この群の母親においても，溝田・住田・横山（2003）の研究にあるように，母親の母性観における意識と行動が一致していないゆえに不安

が生じているという可能性も考えられる。

　それでは,「母性愛」信奉傾向の尺度得点から考える特徴はどうであろうか。この群の母親たちは,「母性愛」信奉傾向を否定した語りをしていることから,かなり低い得点が予想されるところだが,実際は全体の平均よりも若干低いという程度であった。すなわち,この群の母親は,「母性愛」信奉傾向を否定しているという信念よりも,「母性愛」信奉傾向に近い生活をしている現実の自分に近い得点結果であるとも言えるだろう。これはおそらく,先述したように,「本当は育児に専念したくない」,「自分だけが子育てをする必要はない」という思いを持ちながらも,「実際はせざるを得ないからしている」,「できてしまっている」という自負から,得点がやや高いものとなったからではないだろうか。

　グループF：「否定群」　このグループは,「母性愛」信奉傾向を矛盾・葛藤なく否定する母親たちのグループである。以下に,この群全ての母親の言及例を一部ずつ挙げる。

> ID07：「子どもを育てるっていう感覚じゃなくって,あの,4歳の人間と住んでるっていう感覚で接してるから,ぜんぜん育児って意識をあんまりしない。4歳の人と一緒に生活してるって感じで。」
> ID14：「『母親の愛情はもちろん,あの子どもを自分よりも大切に想う気持ち』,私はこれはないんですね。私は,私が一番大切なんですね。だから,あのどっちが大切って言われたら,子どもよりも私のほうが大事ってはっきり言いますし。」
> ID19：「産むっていうのは女性しかできないことだとは思うんですね。でもだからといって母親が全部育てるべきじゃないと思うんですよね。やはり,お父さんって存在もすごくあの,重要視しないといけないと思うし,あの母親だって,ひとりの人生を歩んでいるわけだから。」
> ID21：「女性にとって母親になることだけが,こうなんか目的になるとか,子どもを産んで一人前になるとかっていうことには,すごく不自然さを感じる。こう,もっと女性は多様であってもいいって言う

か。」
ID27：「別にそんなん，専念，第一じゃなくてもいいんじゃないの，ってそういう感じで。」

　以上のような言及例に見られるように，この群の母親は，一般的に，女性が母親という役だけに専念する必要はないと考えている。このグループの母親たちは，もちろん，言及の程度には言及量や強弱の質の違いは見られても，「母性愛」信奉傾向を迷いなく拒否する内容を語った。この群の母親は，他の群とは異なり，迷いや葛藤がなく「母性愛」信奉傾向を批判したり，不自然さを感じたりするような言及が見られた。とくに，この群には目的を持って大学院生活を送っているID21も含め，仕事をしている母親たちも他の群と比較して相対的に多いことから，家庭にとどまることでは得られない，仕事をしていることの意義や意味などを述べる者も，5名中4名で見られた。これも，永久・柏木（2000, 2002, 2005）の研究と関連した結果と言えよう。つまり，高学歴のID21やID27，そして，パートという就業形態とは言え，専門的な職業である看護師であり，自分の仕事に意義を感じているID19，ファイナンシャルプランナーとして常勤で働いているID14が，「母性愛」信奉傾向を否定する語りを行ったことは，家庭役割以外にも個人としての関心を持ち，自分の生きがいを求めているということのあらわれであると言える。もっとも，ID21は，家庭役割だけではなく，自分の夢に従った生き方をしているからこそ，周囲の人間からの圧力に悩んだという。「母親だからこうしなきゃ，とか女だからこうしなきゃとかっていうことには，立ち向かうことはできるんですけれども，ただ，『子どもがかわいそうじゃない』とか子どもっていうのが主語になっちゃうと，すごい心が揺らぎますね。」と語っている。有北（2003）も，「まだ小さいのにあずけるなんて可哀想」という，一見，子どもの立場に立ったような周囲の言葉により，母親の不安が煽られており，このような周囲の理不尽な思い込みこそが，仕事を続けたい母親たちにとって無言の圧迫になると報告している。したがって，そのような周囲からの要求により，「母性愛」信奉傾向を拒否するという意識や生き方も変化していく可能性は否定できない。
　ところで，この群で唯一の専業主婦であるID07は，出産の1ヶ月前に退職

したということであるが，現在のところ，復帰の予定は無いという。そのためか，とくに仕事についての意義が語られることはなかった。しかし，「ほんと人それぞれ。人それぞれだからいいんじゃない，みたいな。その人は私じゃないんだから，違う意見があって当たり前だし，決めつける筋合いは無いし。」という言及が随所に見られた。この母親は，「母性愛」信奉傾向について，女性一般を母親役割に当てはめてしまうような印象を持ったらしく，一貫して否定した語りを行った。同じ否定群でも，このように現在の就業状態や今後の仕事の復帰などと関連して，異なる特徴を持つ場合があるということがわかった。「母性愛」信奉傾向尺度得点に関しては，A群とは対照的に，この群の5名全員が協力者全体の尺度得点の平均値よりも低い得点となっている。これまで述べてきたような語りの特徴が「母性愛」信奉傾向の尺度得点の低さにもあらわれているのだろう。

　次に，これらのグループの特徴を踏まえつつ，グループ間の相違点と類似点について詳細に検討していく。

分析2．「母性愛」信奉傾向の語り方のタイプにおける類似点と相違点

　分析1では，「母性愛」信奉傾向についての語りから6タイプの母親が見出された。そして，それぞれのグループがそれぞれの特徴を有しているということもわかった。それでは，グループ間での相違点と類似点については，どうだろうか。以下，グループ間の類似点と相違点について述べていくこととする。

　A群（肯定群）とB群（肯定不可能群）との類似点・相違点　　A群（肯定群）とB群（肯定不可能群）とが類似している点としては，「母性愛」信奉傾向に対する肯定の姿勢である。どちらの群も，「母性愛」信奉傾向に対しては一貫してポジティヴな語りを行っていた（詳細は分析1を参照）。

　両群が有する相違点としては，A群が「母性愛」信奉傾向に適した子育てを実践していることとは異なり，B群はそのような育児を「自分にはできない」と実感し，その点について語っている点である。「母性愛」信奉傾向の尺度得点も，他群と比較しても明らかに高いものであるA群と比べ，B群が，A群はもちろん，相対的に他の群よりも低いということも見逃せない。もちろん，F群（否定群）と比較すれば高いとも言えるが，語りの中では「母性

愛」信奉傾向を肯定しているということから，むしろ尺度得点は高いと予想される。しかし，実際はむしろ低めであった。これらの結果から，「母性愛」信奉傾向という信念を持っていても，実際の自分との乖離に直面している母親は，理想通りに育児ができない自分に自信を無くし，徐々に「母性愛」信奉傾向という信念が揺らいできているのではないかと考えられる。

　A 群（肯定群）と C 群（自分肯定群）との類似点・相違点　　A 群（肯定群）と C 群（自分肯定群）とが類似している点としては，「母性愛」信奉傾向を引き受けて自分の子育てで実現している（あるいはしようとしている）点であろう。どちらの群でも，少なくとも自分は「母性愛」信奉傾向を意味のあるものだと考えており，自分はそれに従って生きており，そのことに対しても疑問は無いという点では一致している。C 群で常勤職である ID13 も，夫の協力もあり，家庭と仕事とを納得のいく状態で両立できているという。

　A 群と C 群との相違点は，女性一般という形で語るか，そうでないかという部分である。A 群の母親は，自分自身はもちろん，女性一般，母親一般も「母性愛」信奉傾向のような生き方が望ましいという考えを持っている。一方で C 群の母親は，自分自身は「母性愛」信奉傾向を受容しているが，「一般的に全ての女性がそうである必要はなく，そうでない道があってもいい」とする考え方を持っている。すなわち，「母性愛」信奉傾向を受容している自分と他の女性とを区別して語っている点が特徴的であろう。実際に「母性愛」信奉傾向の尺度得点に関しても，他の群よりも突出して高い A 群（肯定群）とは異なり，全体の平均値とほぼ変わらない得点となっている。「母性愛」信奉傾向の尺度内容は「女性は〜であるべき」「母親なら〜だ」という，かなり断定的なものである。そのため，「女性一般」，「母親一般」として「母性愛」信奉傾向を肯定するか，または「自分はそうだけど全ての人がそうではない」という捉え方をするかという違いが大きいものだと推察された。

　E 群（否定実行群）と F 群（否定群）との類似点・相違点　　E 群（否定実行群）と F 群（否定群）とが類似している点としては，A 群（肯定群）と B 群（肯定不可能群）との関係と同様に，「母性愛」信奉傾向を拒否し，懐疑的な捉え方をしており，自分がそのように生きるつもりはないと考えている点であろう。どちらの群でも，「母性愛」信奉傾向には疑問を持っていたり不自然

さを感じていたりしており，自分はそれに従うつもりもなく，女性一般もそのような生き方をする必要はないと考えている。

次に，E群とF群との相違点であるが，「母性愛」信奉傾向を否定し，自分で思う限りは「母性愛」信奉傾向に適う生き方に縛られていないというF群とは異なり，E群は「母性愛」信奉傾向を否定しながらも，「実際は（育児に）専念している」，「我慢している」というように，自分の信念とは異なる現実面での自分を語ったという点であろう。つまり，そのような意味では，B群（肯定不可能群）と似ており，理想と現実とのギャップが大きい群であると言っていいだろう。それでは，「母性愛」信奉傾向の尺度得点はA群とB群のように大きく異なるのだろうか。E群はF群と比較すると確かに「母性愛」信奉傾向の得点が高いが，A群とB群ほどの大きな開きは見られない（得点についてはTable 6-1参照）。同じように「母性愛」信奉傾向を否定してはいても，事実，そのような生活を送っているF群の母親と比べると，実際には家庭役割に専念していると感じているE群の得点が高いことは当然であろう。なお，この結果については，専業主婦が他群とは異なり5名中に1名しかいないF群と，3名全てが専業主婦であるE群という，就業形態が背景にあるという点も関連しているだろう。

以上，分析1と分析2についての結果を記述し，それに関連する単純な論考を行った。次節では，本章における成果と課題も含め，総合的な考察を行う。

＊ 6-4. 考　察

本章は，3章から5章までのように，「母性愛」信奉傾向についてその得点の高低から検討を行うものとは異なり，面接調査を主体とした質的研究を行うことで「母性愛」信奉傾向を質的に捉えることを目的とした。具体的には，母親の「母性愛」信奉傾向のあり方をそれぞれの母親の語りから抽出し，そこにタイプやグループなどが見出されるのか，見出されるとしたら，それぞれの母親がどのような特徴を持っているのか，グループ間での類似点と相違点はどのようなものか，ということを分析・検討することが目的であった。そのために，「母性愛」信奉傾向に関する語りを丁寧に記述していき，それぞれのタイ

プに属する母親の特徴を，特徴的な母親の語りの事例も含めながら，さらには母親の就業形態や学歴などの属性も絡めながら，検討してきた。

　本章では，「母性愛」信奉傾向の高低をこれまでのように数量的な観点からのみでは捉えていない。具体的には，「母性愛」信奉傾向尺度に回答させながらも，2章で定義して尺度化した「母性愛」信奉傾向とその項目を提示し，それについての語り方を調べるという方法を用いた。そして実際に，この回答からは，「母性愛」信奉傾向が低い，中程度，高いという側面だけではなく，複数の要素が見出され，6つのグループに分類されることとなった。ここでの特徴として，A群（肯定群）やF群（否定群）のように，語りにまったく矛盾や葛藤が見られない群もあれば，B群（肯定不可能群）やE群（否定実行群）のように「信念」と「行動」が不一致である群，同じように「母性愛」信奉傾向を肯定しながらも，「女性一般」として捉えるA群（肯定群）や，「自分だけ」のものとして捉えるC群（自分肯定群）という違うタイプがあるということがわかった。これによって，これまで行ってきた質問紙調査だけでは測りえない部分が明らかになったと言えるだろう。実際，「母性愛」信奉傾向を受容しているという意味では同じA群（肯定群）とB群（肯定不可能群）でも，実生活で母親として生きることのハピネスなどを語る者が多いA群と比較し，B群においてはそのようなプラス面についてはほとんど語られなかったことからも，「信念」と「行動」が一致していないという状況下であることが想定される。これは，F群（否定群）とE群（否定実行群）との関係からも言えることであろう。

　もちろん，それは単純にA群（肯定群）やF群（否定群）の母親がポジティヴに子育てをしているという結論を導かない。F群の母親には，先述したように周囲からのプレッシャーや，それに伴う自責の念（Jackson & Mannix, 2004）もある。A群でこそ，「母性愛」信奉傾向に関する語りにおいてはネガティヴなものはほとんど見出せなかったが，それは，本章での協力者となったA群の母親の中には常勤職の母親がおらず，高学歴の母親も少なかったからだという可能性は否めない。これまでの章で，常勤職でかつ「母性愛」信奉傾向が高い母親も多く散見されたことから，今後の調査ではそのような母親を対象としていき，A群の母親の主観的な意識をより正確に探っていく必要があ

るだろう。

　それでは，C群（自分肯定群）はどうだろうか。C群は「母性愛」信奉傾向を「母親だから〜しないといけない」という捉え方ではなく，「自分はそう思う」，「自分はそうしたい」という語り方をした群である。このことからも想像されるように，「そうしないといけない」や「そうさせられている」という，過剰な気負いやプレッシャーを相対的に感じていない群とも言える。C群のような「母性愛」信奉傾向の受容の仕方は，他の受容・肯定群と比較するとその本人にとって自然な形であるがゆえに，比較的，ネガティヴな語りが出なかったのだろう。

　D群（部分否定群）は，「母性愛」信奉傾向という信念において，否定でもない，肯定でもない，という矛盾を抱えている群である。矛盾といっても，「母性愛」信奉傾向の項目は筆者が量的な研究によって導いた一次元の概念であるがゆえに，その母親によっては，多分に矛盾を感じる場合があっても不思議ではない。そのため，設問①と②では，個人としての自分対母親としての自分から生じる緊張や葛藤（無藤・園田・野村・前川，1996），「このままでいいのか」という迷いなどの「揺れ」が多く語られた。この群が，その「揺れ」を「揺れ」のまま受け入れていくのか，自分なりの意味づけを見つけるのか（例えば徳田，2004），あるいは「肯定」・「否定」のどちらかに傾いていくのかということについて調べるためには，縦断的なデータが必要となってくるだろう。

結　　論

　本章での協力者である28名の語りを分析する中で得られた統合的な議論として，三点について述べておきたい。最初に，「母性愛」信奉傾向について，尺度得点の高低という量的な違いだけではなく，質的にさまざまに異なるパターンが存在するということがわかった点を挙げる。しかも，単純な「肯定」や「否定」ではなく，現実との自分にギャップを感じているという形で語ったり，自分と一般論とを分けて語ったりなど，想定された以上のタイプが得られたことは有意義であった。今後も，これらのようなタイプが存在するということを考慮し，研究を進めていく必要があるだろう。

　次に，本章は「母性愛」信奉傾向についての語りを主な分析対象としたが，

それと同時に「母性愛」信奉傾向尺度にも回答させたことから，得点と語りとの関連を検討できた点を挙げる。A群（肯定群）とF群（否定群）は想定どおりの「母性愛」信奉傾向尺度の得点であったが，B群（肯定不可能群）やE群（否定実行群）などは，サンプル数が少ないながらも，興味深い尺度得点となった。A群（肯定群）とC群（自分肯定群）との得点の違いも，語り方の違いを如実に表しており，示唆に富んだものであった。

　そしてもう一点得られた重要な結果としては，「母性愛」信奉傾向のタイプについて記述するうえで，母親の就業形態だけではなく，学歴が関係しているということを挙げたい。それも，F群の母親たちに見られた通り単純に「大卒」「専門学校卒」というものが背景としてあるのではなく，母親が家庭役割以外に何らかの別の自己実現への欲求を持っているか否か，ということこそが重要であると推察された。これは，就業形態でもいえることかもしれない。すなわち，単純に「常勤職」「パートタイム」という区別からのみ議論するべきではなく，おそらく，どのような職種かということ，仕事と家庭との両立において葛藤を生みやすいのか否かということ（時間の融通が利くかどうか，体力は奪われるのか等），そして何よりその職業にどの程度コミットしていきたいのか，ということこそが大きな要素なのではないだろうか。

課　　題

　最後に，本章において指摘される反省点及び課題を述べる。まずは，母親の就業形態における偏りが大きかった点が，解決すべき課題であろう。面接調査に応じてくれる母親としては，やはり比較的，時間に追われない生活をしている専業主婦が多い。そのため，28名中21名が専業主婦であった。F群に専業主婦ではない母親が相対的に多かったという点を鑑みても，今後面接調査を行う際には，常勤職やパートタイムなどの職業を持つ母親からこそより多くの協力を得なければならない。それによって得られた研究結果は，より妥当性が高く，新たな発見を導くものになると思われる。

　次に，「母性愛」信奉傾向における語りにおいて過去から現在についての流れについては検討したが，未来に関する考え方を語らせていない点にも十分に発展の価値があるところであろう。徳田（2004）は，女性にとっての子育ての意味づけを，過去と現在だけではなく，未来の時制を含めて捉えることが重要

6-4. 考　察

であると述べている。そのため，母親が語る「母性愛」信奉傾向に関しても，例えば「将来的に仕事はしたいのか」，「家庭との両立はできると思うか」という内容と「母性愛」信奉傾向とを絡めて質問，検討することが肝要であろう。本章で明らかにされた「母性愛」信奉傾向についての語りの中でも，28名中の半数ほどが「結婚するまでは…」「出産するまでは…」という語り方で，過去と現在との「母性愛」信奉傾向に対するあり方が異なっているという話をした。「母性愛」信奉傾向は，その調査の一時点では母親の特性であると捉えられるが，何かのきっかけで変化するものだということの示唆とも言える。したがって今後は，例えば出産前後で縦断的にデータを収集するなどして，将来的な展望も語らせるという工夫が要されることだろう。

　本章では，「母性愛」信奉傾向について量的な側面からのみ捉えてきたことの反省から，質的な側面から検討するということを行ってきた。そして一定の有意義な結果を得た。しかし，母親の「母性愛」信奉傾向については，その主観的な意識の把握だけではなく，「母性愛」信奉傾向と，例えば子どもの気質・個性などから生じるストレスや周囲から得られるサポートなども含め，総合的に「母性愛」信奉傾向とそれらとの絡みを質的に明らかにする必要があるということを最後の課題として掲げたい。

第3部

結　論

♣ 第7章 ♣♣♣

「母性愛」信奉傾向の研究における成果と課題

＊ 7-1．各章で得られた知見

　本書の目的は，母親の「母性愛」信奉傾向という概念を提唱し，それが子どもに対する感情制御，および表出にどのように影響を与えるのかということを検証すると共に，母親が受け入れている（あるいは拒絶している）「母性愛」信奉傾向の主観的な意識の把握を行うことであった。そのために，第2部第2章において「母性愛」信奉傾向尺度の作成を行い，3章から5章ではそれと母親の感情制御および感情表出との関連について検証を行った。その検証の際は，養育者の養育行動を規定するものとしてBelsky（1984）が提唱した，養育者自身の要因，子どもの要因，社会文脈的な要因という三つの要因のそれぞれの状況の如何によって，「母性愛」信奉傾向が影響を及ぼすというプロセスを想定した。その結果，「母性愛」信奉傾向とそれぞれの要因との交互作用効果が認められた。最後に，第6章として，3章から5章で捉えてきたような，量的な「母性愛」信奉傾向を質的に捉え直すために，「母性愛」信奉傾向についての母親の語りを分析・検討した結果，量的な側面だけでは捉えられない，質的なパターンが複数存在することが明らかになった。

　以下に，各部・各章で得られた知見を簡潔に述べる。

　第1部序論の第1章では，まず，「母性」・「母性愛」概念やそれらと類似する概念および関連する概念について整理を行った。次に，それらがどのように形成されていったかという歴史的文化的背景を探り，続いて「母性」・「母性愛」概念を支える理論的なバックボーンである科学的な知見やフェミニズムの理論について概観した。その結果，概念論の枠組みの中に終始する議論は不毛

であるという結論に達した。したがって,「母性」・「母性愛」という概念が現実の母親にどのような影響を与えているのか,ということについての検証こそが必要であると主張し,本書の構成を示したうえで,続く第2部までの調査の目的を明確にした。

　第2部第2章では,「母性愛」信奉傾向を測りうるものとして,「母性愛」信奉傾向尺度12項目を作成した。この尺度で Cronbach α を算出したところ,高い値が得られたことから信頼性が認められた。また,関連が想定される既存の尺度との相関と,「子育ては〜をするべき」「母親ならば〜であるべき」という二つの質問から得られた自由記述を分析・検討することによって妥当性も高いものであると判断された。そこでこの「母性愛」信奉傾向尺度を用いて,次章からの研究を行うに至った。

　第3章では,「母性愛」信奉傾向と母親の原因帰属傾向が絡むことで,母親の子どもに対する感情制御に影響を与える可能性を検証した。原因帰属傾向は,現実の養育状況で起きる成功場面と失敗場面を想定したシナリオを用意し,母親がどういう原因帰属傾向を有しているのかを調べた。そしてその結果と,「母性愛」信奉傾向が絡むことで,母親の子どもに対する怒りの感情制御に作用することがわかった。具体的には,「母性愛」信奉傾向が高い母親は,失敗を子どもに原因帰属する場合,そうでない場合よりも,怒りをより経験しやすくなるという結果が示された。また同様に,自分の子どもではなく他の子どもが成功したのだと判断することで,怒りの制御が困難になることも想定された。この結論を得て,「母性愛」信奉傾向が養育者の要因以外の変数とも交絡する可能性が示され,4章へとつながることになった。

　第4章では,「母性愛」信奉傾向と子どもの発達水準が絡むことで,母親の子どもに対する感情制御に影響を与える可能性を検証した。子どもの発達水準は多くの項目を含み,かつ平易な表現である尺度を選定し,調べることにした。その結果,第3章と同様に,「母性愛」信奉傾向と子どもの発達水準とが絡むことで,母親の子どもに対する怒りの感情制御に影響を与えることが認められた。具体的には,「母性愛」信奉傾向は子どもの発達水準が高いときには怒りの感情制御においてポジティヴに働くが,発達水準が低い場合にはそのように作用せず,むしろネガティヴに働きうるということが明らかにされた。し

7-1. 各章で得られた知見　101

たがって,「母性愛」信奉傾向は,母親の性質や子どもの特徴,さらには母親をとりまく状況の如何によって意味や方向性を変える多義的なものである可能性が示された。しかし,養育態度の規定因としては社会文脈的要因も重要であることから,5章ではその要因を取り上げ,同様の研究を試みた。

　第5章では,「母性愛」信奉傾向と職業満足度が絡むことで,母親の子どもに対する感情表出に影響を与える可能性を検証した。ここで,感情制御ではなく感情表出にしたのは,親子の日常的なやりとりも含んだような,より広い範囲の感情のあらわし方への影響を探るためであった。職業満足度との交互作用効果を検証するより先に,母親の就業形態と「母性愛」信奉傾向とが子どもへの感情表出に及ぼす影響を検討したが,交互作用効果は認められなかった。よって,パートも含む有職の母親に絞り,「母性愛」信奉傾向と就業形態と職業満足度との交互作用効果が得られるかどうか検討した。その結果,パートタイムの母親では,「母性愛」信奉傾向が中程度あるいは高い場合に,職業満足度が高いほど,ポジティヴな感情の表出が多いということがわかった。一方,常勤職で職業満足度が中群の場合は「母性愛」信奉傾向が高い方がポジティヴな感情の表出が多いというプラスの働きをしたにもかかわらず,職業満足度高群では「母性愛」信奉傾向の高群も低群も共にポジティヴ感情の表出が増大するという多義的な結果が明らかとなった。ネガティヴな感情の表出において「母性愛」信奉傾向は,就業形態にかかわらず職業満足度が低いまたは高い母親の場合でネガティヴ感情を低減させるというプラスの意味を持ったことに対し,職業満足度中群の場合ではネガティヴ感情を増大させるというマイナスの意味を有した。本章の結果より,「母性愛」信奉傾向は怒りという感情制御のみならず,正負の感情両方の表出に両義的な影響を与えるということもわかった。

　第6章では,第2章から第5章において,高・中・低という量的な側面からのみ捉えてきた「母性愛」信奉傾向を,質的な側面から捉えることを試みた。具体的には,現在子育て期にある母親の一人ひとりが「母性愛」信奉傾向についてどのような印象や意見を持ち,どのように意味づけて語るのか,それを語る母親たちの間で,量的には捉えられない質的な違いがあるのか,肯定している,あるいは否定しているという以外にもさまざまなパターンがあるのか,という点について探ることとした。そのため母親一人ひとりにインタビュー調査

を行い，その母親個人が抱いている「母性愛」信奉傾向についての主観的な意識の把握を試みた。その結果，母親の一人ひとりが語る，子育てにおける日常的な文脈においても「母性愛」信奉傾向の要素が認められた。なお「母性愛」信奉傾向についても，程度の高中低という群だけではなくさまざまな群が見られ，それぞれの群で類似点や相違点など，多種多様なあり方が見られた。これらの結果から，「母性愛」信奉傾向について，本書の第5章までで捉えてきたような量的な把握のみならず質的な側面からも研究していく必要性も示唆された。

　以上，これまでの章から得られた知見を概観してきた。次節では本書での結論を導く前に，第3章から第5章までの結果も含めながら，第6章で試みた「母性愛」信奉傾向の質的な検討から得られた示唆について述べていく。

✳︎ 7-2.「母性愛」信奉傾向の新たな捉え方

　本書では第3章から第5章まで，「母性愛」信奉傾向を尺度得点から測定し，それが他の単独の要因と交絡することで母親の感情制御や表出に影響を与えるという検証を，質問紙調査によって行ってきた。それと対照的に第6章では，面接調査によって「母性愛」信奉傾向の質的な分析と検討を行い，第5章まででは光の当てられなかった「母性愛」信奉傾向における母親一人ひとりの"リアリティ"という部分にアプローチし，新たな結論と示唆も得た。

　それでは，それぞれの章で得られた結果を統合的にはどのように解釈すればよいのだろうか。これについては，Flick（1995/2002）が述べているように量的研究と質的研究とは対立するものではなく，個々の研究方法がもつ弱点や盲点を補い合う相互補完的なものとして用いるという点が考えられる。遠藤（2007）も，量的な分析と質的な分析とのトライアンギュレーション（方法的複眼）の有用性について述べている。もっともこの点において第6章では，「母性愛」信奉傾向についての語りのみを検討しているため，第3章から第5章までの結果の裏づけを行うことは不可能である。しかし，本書の柱である「母性愛」信奉傾向について量的な側面からだけではなく質的な側面からも検討を行うことは，第3章から第5章までの研究では検討できなかった部分を浮

7-2.「母性愛」信奉傾向の新たな捉え方　103

き彫りにさせるとも言える。つまり，両者の結果の関連性について考察し，新たな捉え方を提案することとなる。そしてそれが今後の研究の課題や展望として活きてくると考えられるため，「母性愛」信奉傾向における研究において十分に意義があることだと言えるだろう。

　以下，具体的な結果も含めながら論じていく。まず，第3章から第5章までのアンケート調査では「母性愛」信奉傾向尺度12項目に回答させ，その協力者について得点順に上位から30％の母親を高群，次に40％に属する母親を中群，最後に下位30％にいる母親を低群として検討していった。一方で第6章では人数とは関係なく，母親28名全員の語る内容から「母性愛」信奉傾向のタイプを分類していった。その結果，「母性愛」信奉傾向の高低だけでは決められない語りのタイプがあらわれた。例えば，同じように「母性愛」信奉傾向を肯定している語りをしたタイプの母親でも，何の疑いもなく全ての女性にとって肯定するタイプである「肯定群」や「母性愛」信奉傾向は理想ではあるが現実の自分とは異なるという形で語った「肯定不可能群」，全ての女性にとって「母性愛」信奉傾向のような生き方を当然と考えるのはおかしいとは思いつつ，自分はそうしたいという「自分肯定群」が見られた。さらに同時に回答させた「母性愛」信奉傾向の尺度得点の平均値を群ごとに検討した結果，明らかに高い得点の「肯定群」と，平均値周辺の得点である「自分肯定群」，「母性愛」信奉傾向を肯定しているのにもかかわらず，得点はかなり低い「肯定不可能群」というように，結果は分かれた。

　それでは「部分否定群」や「否定群」，「否定実行群」も含め第6章で得られた「母性愛」信奉傾向についての語りで得られた6つのタイプと，第3章から第5章において検討された「母性愛」信奉傾向の高群・中群・低群においてはどのような関係性が想定されるのだろうか。これについてはまず，第6章における尺度得点結果を見ても，「肯定群」は高群，「否定群」は低群に分類されることだろう。次に「肯定不可能群」，「自分肯定群」，「部分否定群」，「否定実行群」であるが，これらが全て中群に属するということは，協力者の人数が少ないこともあって第六章の結果からだけでは安易には言えない。言い換えるならば「肯定不可能群」・「自分肯定群」・「部分否定群」・「否定実行群」においては，高低という軸に置き換えるならばおそらくは中群の母親たちであるという

推定はできても，明らかに中群に分類されると断定はできない。あるいはその4群全ての母親が仮に明らかに中群に分類されるとしても，中群には異なるタイプが混在しているということになる。しかしこれを逆に言うならば，第6章の結果によりそのように中群にも複数のタイプがある可能性を指摘できたことから，「母性愛」信奉傾向と母親の感情制御と感情表出にかかわる他の諸変数との関係性が直線的なものではなく，曲線的なものであるという推察が成り立つとも言えるのではないだろうか。

今後は，第6章でも述べてきたようにただ単に「母性愛」信奉傾向についての賛否両論が見られただけではなく，「肯定不可能群」や「否定実行群」のように「母性愛」信奉傾向を肯定しつつも「実際はできない」という母親や，「母性愛」信奉傾向を否定ながら「実際はそのような生活をしている」という母親がいたことから，再度，大規模なアンケート調査を行う際には，同じ「母性愛」信奉傾向に関する質問でも「どのように思われますか」という設問と「そのようにされていますか」という，信念と行動との設問を別に設定して行うなどすることも考えていかなければならない。

したがって第6章では，第2章から第5章で論じてきたような「母性愛」信奉傾向の捉え方だけではなく，新たに「母性愛」信奉傾向の捉え方を提案できたと言え，今後の研究の幅を広げ発展していく可能性を高めることができたと言えよう。

次節では，全ての章の結果を受けて，本書から得られた結論をまとめることとする。

✳ 7-3. 結　論

本書では，母親の「母性愛」信奉傾向が母親をとりまく他の要因と絡むことによって，子どもに対する感情の制御と表出に影響するということを各章ごとに明らかにしてきた。それぞれの章で得られた重要な結果を一言で述べていく。第3章では，母親が失敗場面を偶然性に原因帰属する場合は，「母性愛」信奉傾向の高さは子どもへの怒りの感情を低減すると見られたが，失敗場面を子どもに原因帰属する場合，子どもへの怒り感情を増大させると考えられた。

7-3. 結　　論

　第4章では，子どもの発達水準を高く評定した母親の場合は，「母性愛」信奉傾向の高さは子どもへの怒りの感情制御を促進させたが，子どもの発達水準を低く評定した母親の場合は，子どもへの怒りの感情制御を抑制させる向きが窺われた。第5章では，常勤職の母親で職業に満足している場合，「母性愛」信奉傾向の高さが子どもへのポジティヴな感情表出を促進させる一方で，「母性愛」信奉傾向の低さも同様の働きをするという結果が認められた。つまり，Belsky（1984）が唱えている養育者の養育態度に影響を与える三つの要因（養育者自身の要因，子どもの要因，社会文脈的要因）全てと「母性愛」信奉傾向が絡み，子どもへの感情の制御と表出に作用するということがわかった。

　これらの結果を概観すると「母性愛」信奉傾向は，その母親や子どもの特徴，そして母親をとりまく状況によって母親を精神的に追い詰める要因にもなりうる一方で，母親として生きている喜びを見出す要因にもなりうるということが言える。そこで本書は，「母性愛」は「両刃の剣」であると結論する。これは「母性愛」という信念を，他の要因の如何によってポジティヴにもネガティヴにも変化しうる，プラス・マイナスの両方の意味を秘めた多義的なものとして解釈するものである。

　ところで，本書と同様に伝統的な母親役割観が母親の心理に影響を及ぼすとした研究は，子どもとの「分離意識」というテーマに多く見られる。柏木・蓮香（2000）は，母親の伝統的母親役割観の高さが分離の際の罪悪感や子どもへの懸念という否定的感情と関連するとし，水野（1998）も乳児期に子どもに対する分離不安が高い母親は伝統的母親役割観を強く持ち，幼児期に育児ストレスが強いと述べている。欧米での研究（例えば Deater, Scarr, McCartney, & Eisenberg, 1994）はもちろん，このように分離意識に関連する形での伝統的な母親役割観は，母親の心理的な健康においてマイナスの影響を与えるという研究が散見される。しかし，塩崎・無藤（2006）は，母親の伝統的育児観が分離意識の中の一因子である「母親の存在の大きさ」に正の影響を与えつつも，それが育児ストレスに負の影響を持つということを明らかにした。そしてとくに我が国においては，分離をしないことに含まれる肯定的要素を検討していくべきだと結論している。これは本書と同様に，伝統的な性役割観が正負両側面の意味を持つという結論を見出したものである。そしておそらくこれは欧米の

研究では見られない，我が国特有の結果であると位置づけているところも興味深い。

　もちろん「母性」・「母性愛」や伝統的な母親役割観とは直接に関連せずとも，母親においてポジティヴだと考えられている要素が必ずしも養育でよい結果をもたらすわけではない（または母親においてネガティヴと思われる要素が養育で悪い結果につながるわけではない）という観点で行われた研究は存在する。Luthar, Doyle, Suchman, & Mayes（2001）は，自我発達の高さという母親に期待されがちな要因が，全般的な心理的ディストレス等，他の要因との交互作用によって母親の満足感を低下させる結果や悩みを増大させる結果を導くという知見を得ている。やはり Frosch & Mangelsdolf（2001）も，母親の養育の温かさや援助的な態度が，夫婦関係など他の要因との交絡によって子どもの問題行動の率を高めたという結果を見出した。しかも Luthar らと Frosch らの研究は本研究と同様に単一の独立変数から結果を導き出すのではなく，主たる要因とある要因とのかかわりによる養育場面における（あるいは母親のある状態の）帰結を探るものである。本研究と意を同じくした結果が得られていることからも，このような視点からさらに追究することが可能であると考えられる。そして菅野（2001）は，育児における不快感情という母親にとっては歓迎されにくいものが，子どもの育ちや自らの子育てを振り返る機会を生み出すなど必ずしも悪影響を及ぼすわけではないということを明らかにした。徳田（2002）でも，ほとんどの母親が育児を経験することによる自分の時間やキャリアなどの「喪失」を語る一方で，その中の多くの母親がそれ以上に意味ある経験として位置づけているということを示し，プラスとマイナスの両側面が揺れ動きつつも自己への受け入れをめぐって評価，統合されていくと述べた。

　もっともこれらの研究も近年になって行われたものであり，母親に関する「母性」や「母性愛」などの信念の緩和という形で還元されることがあるにしても時間を要するのかもしれない。しかしながら，事例や臨床の域を超え「母性愛」や「母親になること」についての量的・質的な研究が積み重ねられてきているのは事実であり，それらで得られた結果もプラス・マイナスという両極端なものではなく，むしろそれを見直すものとなっている。そして第6章において母親の語りからも明らかになったように，その，プラスとマイナスが渾然

一体となった中にこそ，母親における子育ての「現実」があるのではないだろうか。

次節では本節で述べた結論を踏まえ，本書の意義について述べていく。

✳ 7-4．本書の意義

これまで，「母性愛」はその実体の有無から是非に至るまでさまざまに議論されているが，一般的には母親の子どもに対する先天的な愛情であり最も崇高な愛情としてたたえられてきた（平井，1976）。第1章でも述べていることもあり簡単に記述するに留めるが，このような背景には12～13世紀のキリスト教における「聖母信仰」や精神分析理論における「エディプス・コンプレックス」，我が国において根強く残る「母性信仰」（大日向，1988）などの様々な文化的風土や宗教が介在していると考えられるが，それは男女の「分業」を通して経済効率を引き上げるという政治的経済的要請によっても強化されたことが指摘される。さらにBowlby（1952/1967）が「母性剥奪（maternal deprivation）」の概念を提唱しKlaus & Kenell（1976/1979, 1983）らによりそれがBowlbyの理論と厳密には異なったままで流布されると，ますます「母性」・「母性愛」の肯定的側面が「科学的に」打ち出され，「母性」の生物学的規定性が当然視され，母親が育児に専念する重要性が強調されるに至った（大日向，2001）という。そしてこのような経緯のもとでわれわれの間では事実，「母性愛」が豊かなことが女性にとって好ましいことであると知覚されてきた。

しかし今日，この「母性愛」なるものについて疑問を投げかける研究者・学識者が多く見られてきた。具体的にはBowlbyにはじまる「『母性』における科学的知見」について一連のレビューおよび追跡調査によって「母性剥奪」の過剰解釈に批判を加えたRutter（1972/1979, 1981/1984），Freudの主張は家父長制文化の仮説や論証しえないはずのものからなされているに過ぎないと唱えて母親業が世代をこえて再生産されるメカニズムを暴いたChodorow（1978/1981），「母性本能」は父権的社会がつくり出した神話であると述べたBadinter（1980/1998）らはもとより，「母性」や「全能なる母親」というものは幻想や虚構であると唱える者も多い（例えばBenjamin, 1994; Eyer,

1992/2000)。そしてその「虚構」が与える影響に関して大日向（2000）は「母性愛」を一方的に賛美してやまない従来の母性観こそが虐待をはじめとする悲惨な事件を発生させる素地をつくっていると説いた。Swigart（1991/1995）も，私たちの文化は母親から主観性を剥奪し，そのために子どもの将来を危険にさらしていると述べた。さらには「子どもにとっては母親によって排他的に育てられることが最もよいのである」というわれわれの根深い「信念」のため，子どもの養育に関して公共サービスを利用している母親は不適切で恵まれない存在だと見なされる傾向にある（McCartney & Phillips, 1988）とさえ言われている。よって，このような社会文化的な思い込みが養育の現場にいかなる「帰結（outcome）」をもたらすかについて見過ごすことはできない状況であった。

　ところが今日まで多くの「母性」・「母性愛」に関すると考えられる研究が行われてきたものの，それらは「母性」・「母性愛」やその強弱が何によって支えられているかという「規定因（determinant）」を探るものが多いうえに，稀に「母性」・「母性愛」がどういう帰結をもたらすかという研究があったとしてもそれは社会学的な実態調査の域を出ないものや少数エピソードに基づいた臨床的なものが多い。例えば中谷（2002）は母親を，被虐待経験を持ち現在自分も虐待している群（連鎖群）と，被虐待経験はないが現在自分は虐待している群（非連鎖群）と，被虐待経験はなく自分も虐待していない群（非虐待群）に分類し，それぞれの群の「母親規範意識（子育ての責任主体は母親であり，それゆえ身を捨てて献身すべきという傾向）」の得点の差を検討しており，結果として非虐待群における母親規範意識が高い結果を認めたが，これはそれぞれの群の母親の特徴をあらわしているものであり，母親規範意識がもたらす結果を検討したものではない。一方で大日向（1988）は，「母性」が女性の生得的特性とされ普遍的次元で理念化されてきた傾向に対して母親の実態をその状況や特徴をつぶさに再検討することで，「母性」が決して女性に普遍的に備わっているものではなく周囲の人間とかかわりあいながら形成され発達変容していくものであるということを明らかにした。これは「母性」を重視しすぎるがゆえに弊害が生じる危険性を指摘し，根強い伝統的母性観が残っている我が国に警鐘を鳴らしたという意味では有効であり評価できると考えられるが，実際に

は「母性」・「母性愛」に関する信念や意識が養育という場面でどのように作用するのか，という可能性およびそのメカニズムを探る体系的かつ精緻な心理学研究はほとんど行われていないというのが現状であった。

　そのような流れの中で本書は，「母性愛」を信じ込む傾向を「母性愛」信奉傾向と名づけ，「社会文化的通念として存在する伝統的性役割観に基づいた母親役割を信奉しそれに従って育児を実践する傾向」と操作的に定義して調査を進めてきた。そして量的・質的な分析・検討による実証的な研究によって，「母性愛」信奉傾向が母親の心理的な健康と子どもに対する感情制御および表出に影響を与えるという結果を見出した。さらにその結果を受けて，「母性愛」はときにはプラスの意味を持ちときにはマイナスの意味を持つという，複雑で多義的な「両刃の剣」であると結論した。本書のこのような結論によって「母性」「母性愛」研究に新たな視点を呈示されたが，これがまさに本書の第一の成果であると言えるだろう。もちろん先述しているように，「母性愛」信奉傾向が与えるこのような影響は我が国における現代の母親についての結果であり，これは欧米，またはそれ以外の諸外国では異なる結果となると想定されるうえに時代の流れも多分に関係するものであろう。このような示唆の点では，本書は「母性愛」を絶対的に捉えるのではなく相対的に捉えるという大日向（1988）の主張を支持したとも言えよう。

　そして，同じく第6章で得られた結果を第二の成果として述べたい。昨今，発達研究の方法論に関する議論において，定量的データのみで発達という現象にアプローチすることへの限界と反省がなされるようになってきている（やまだ，1995）という流れがある。大日向（2001）も，やはり近年の研究が「総体として」の問題究明に偏向している傾向があるとしたうえで，子どもの発達過程やそこに及ぼす親の影響は実に多様であり個別性の高いものであるがゆえに，個人が持つ不明瞭な部分を示すことこそが養育者や親子関係を対象とする研究者の責務であると説いている。ゆえに，「母性愛」信奉傾向にかかわる母親の詳細で微妙な心理過程は統計的な処理からのみ結論するには不足があると言わざるを得ない。そのため第6章では，第3章から第5章までの調査による「母性愛」信奉傾向の量的な把握の反省と今後の研究への展望という点で「母性愛」信奉傾向の質的な検討を目指し，母親一人ひとりの語りに耳を傾けるこ

とで,「母性愛」信奉傾向が実際の母親の生活でどの程度浸透し,どのような主観的な実感や思い・考えを抱いて子育てと向き合っているのかということを探った。その結果,第5章まででは得られなかった「母性愛」信奉傾向のあり方のタイプが見られ,それぞれの群の母親の特徴も審らかにされた。その中でも,溝田・住田・横山(2003)も関連することを述べているが,「母性愛」信奉傾向を肯定していながらも実際にはそのように行動できていないという群,そして逆に「母性愛」信奉傾向を拒絶していながらも実際にはそうせざるをえない(そうしてしまっている)という群に,相対的に心理的な危険性が高いということを母親の語りから明らかにした。これは村本(1994)による,子どもを産めば自分も良い母親になれるだろう,そうでなければならないと信じているような母親は,現実の自分から離れたところに「麗しの母親」イメージを抱き実際の母親としての自分と比較し,「自分は悪い母親なのではないか」と罪悪感にかられ理想に合わせて非常に無理をし,その反動で自分の感情や衝動をコントロールできなくなるという指摘とも一致するところである。さらに言うならば,この結果は質問紙による数量的な解析から得た結果とは異なり,ラポールを形成したうえで実際に母親個人に面接を行った結果から考察されたことである。したがって,この結果を,子育てに悩む母親に対する臨床的な介入において,ひとつの示唆として活かすことができるかもしれない。

　本書で記述してきた研究はこのように成果や示唆に富むものであったが,一方で課題も多い。次節では,今後の課題について論じていく。

✽ 7-5.今後の課題

　各章の結果にかかわる課題は章の最後にそれぞれ述べてきたが,本書を通しての全体の課題として,五点を挙げたい。

　第一には,既に本章の第2節でも述べている通り,「母性愛」信奉傾向中群が有する特徴を明らかにすることである。「母性愛」信奉傾向と他の変数との曲線的な関係性に関しては,第3章から第5章までのどの章においても,当てはまる結果が一部ずつ見られる。例えば,第4章のFigure 4-2の結果が挙げられる。自分の子どもの発達水準について低く評価している母親の場合は,

「母性愛」信奉傾向高群においても低群においても感情の自覚的制御は困難である。しかし，「母性愛」信奉傾向中群においてのみ，自覚的制御得点が高くなっている。すなわち，子どもの発達水準が低い場合は「母性愛」を中程度に信奉していることが感情制御においては最もよい，という結果とも言える。しかし一方で第5章のFigure 5-2に見られるように，職業満足度が高い場合には「母性愛」信奉傾向高群においても低群においても子どもに対するポジティヴな感情の表出が多いことに対し，同じように職業満足度が高くても「母性愛」を中程度に信奉している母親の場合は，ポジティヴな感情の表出が少ないという結果もある。このような複雑な結果は，おそらくは中群の母親の中に，第6章で論じてきたような，「母性愛」信奉傾向における「自分肯定群」の母親と「部分否定群」の母親，さらには「肯定不可能群」や「否定実行群」のような母親たちが混在しているからではないだろうかと思われる。また，「母性愛」信奉傾向高群および肯定群，低群および否定群とは異なり，「母性愛」信奉傾向中群の母親たちは「母性愛」を信奉することについての迷いや葛藤などを有していると考えられる。それらのようなことを踏まえたうえでも，「母性愛」信奉傾向を中程度に信奉することが養育行動にどのように作用するのか，より詳細に検討することが肝要であると思われる。

次に，「母性愛」信奉傾向と，母親自身の要因，子どもの要因，社会文脈的な要因を全て含めた大規模な量的研究を行うことが最も重要な課題であろう。本書では，第3章から第5章まで，「母性愛」信奉傾向と個々の要因とが母親の子どもに対する感情制御と表出に影響を与えるという検証ができた。しかし，「母性愛」信奉傾向と母親の要因，「母性愛」信奉傾向と子どもの要因，「母性愛」信奉傾向と社会文脈的要因，というようなそれぞれの要因が総合的に養育態度へ影響を与える過程は検証されていない。そこで，それらの交互作用項を複数含んだ階層的重回帰モデルや多要因の時系列的な相互作用モデル（例えば菅原・北村・戸田・島・佐藤・向井，1999）などを用いて，母親の養育態度への影響を再度統合的に明らかにしていくことも肝要であろう。

そして，第5章でも述べていることでもあるが，Belsky（1981，1984）や数井・園田・無藤（1996）などで明らかになっているように，夫からのサポートならびに夫婦関係が妻の心理や行動に与える影響は甚大である。さらにそれ

だけではなく Belsky（1996）および加藤・石井・牧野・土谷（2002）でも証明されたように，夫が父親として子どもに及ぼす影響力も十分に考慮されるべきであろう。Parke（1996）も，父親のかかわり方の質や量が子どもの社会的な発達や認知的な発達に与える影響の大きさは疑うべくもないと主張している。したがって，夫という要因を単に研究に組み入れ「母性愛」信奉傾向と交絡する形で確かめるだけではなく，夫の「母性愛」信奉傾向についても要因のひとつとして検討していく必要があると考えられる。神谷（2006）は，親役割観は夫婦間で相互調整され，どちらか一方の役割観へと他方が修正を加え変化する傾向があるということを明らかにした。また，平等的な親役割観なのか性別分業的な親役割観なのか，という夫婦間の離齟が問題となるのは，親役割行動が必要とされる子育て期であり，そこを乗り越えることが夫婦の親役割観の調整において大きな山場となるということも述べている。Belsky, Lang, & Huston（1986）も，性役割観がステレオタイプではない女性は，母親役割を担うようになってから結婚生活をよりネガティヴに認知するようになるということを明らかにした。また，Ruble, Fleming, Hackel, & Stangor（1988）によると，子どもが生まれると家事育児の負担が増えることで役割分担の摩擦が生じ夫婦関係の満足度が低下するが，そこでの問題は家事・育児の量なのではなく，個人の考える基準による公平性の欠如と分担している感覚の欠如だという。したがって，伝統的な母親役割観と共通の要素を持つ「母性愛」信奉傾向についても，母親だけではなく父親にも回答を求めることで，夫婦で同様の傾向を持つ場合とそうでない場合における母親の心理的健康さらには養育態度に対する影響を測ることができるだろう。また，修正と変更を加えながら落ち着いていく（あるいはさらに離齟をきたしていく）過程も重要であると思われるため，この点についても縦断的なデータを取ることに意味があるだろう。

　さらに，先述した部分とも関連するが，縦断的なデータを収集する必要性を述べる。「母性愛」信奉傾向は夫婦間での調整を経て変化していくと考えられるが，第6章において取り上げたように，個人内でも変化していくと思われる。それは，結婚→妊娠→出産というスパンの中におけるどの段階でもあらわれうるものであり，一般的な傾向ではなく，個人的ないしは夫や身近な他者との相互的なプロセスである。Mauthner（1999）も，妊娠期における「理想の

母親像」が出産後の精神的健康に影響するというプロセスの中でも，それを現実に合わせて下方修正できる場合と現実自体が母親の理想に添うものであると母親の心理的健康は阻害されないが，そうでない場合は心理的健康が阻害され抑うつになりやすいと述べている。そのため，縦断データを収集する際はまず，母親一人ひとりの変化をリアルタイムで質的に検討していくことが肝要であると思われる。その後，質的なデータから「母性愛」信奉傾向がどのように変化していくのかということと，その変化にかかわる要因，母親の心理的健康や養育態度とに影響が見られる要因を審らかにし，それらを組み込んだ大規模な縦断研究を行う。つまり最終的に量的な分析を行うことで，時間軸も含めた「母性愛」信奉傾向の影響を検証することができるだろう。

　最後に，今後は「母性愛」信奉傾向がさまざまな母親の状況下で母親の子どもに対する感情の制御および表出に影響するということを明らかにするだけではなく，子どもの発達様相に及ぼす影響までを検証することを展望として抱きたい。もっとも，子どもの発達水準については第4章において独立変数として捉えており，それが実際に「母性愛」信奉傾向と絡んで母親の感情制御に影響を及ぼすという結果となった。しかしそれは母親による評定であり，母親の主観的な見方によるもの，つまりは知覚レンズ（氏家，1996；氏家・高濱，1994）を通してのものである。ここで問題とするのは，母親の感情制御・表出を経ての子どもの発達様相である。そのため，子どもの発達様相は保育士や幼稚園教諭などの第三者の目から評定する必要がある。このような研究を通して，母親の「母性愛」信奉傾向が，母親の心理や行動を媒介する形で最終的に子どもにまで作用するのかどうかという検討ができる。すなわち，「母性愛」信奉傾向が，母親自身だけではなく子どもにまで影響するということが明らかになれば，「母性愛」信奉傾向が社会に与える影響力の大きさをさらに証明することができよう。

　以上のようにさまざまな探究を通して，実証的な研究の総体を目指した本書の結論からも言えるように，「母性愛」信奉傾向のような社会的通念が持つ危険性や，逆にわが国の文化的風土を無視してそれを完全に否定することによる懸念を一方的に指摘するだけではなく，そのような信念は「両刃の剣」であるという主張をし続けたい。そしてさらに研究知見を積み重ねていき，今後われ

われの社会が女性の生き方の多様性を認め，あらゆる可能性を保障し，女性が「考える主体」となって自分に合った思うような生き方を選択できるような世界となれるよう，それを共同体レベルで援助していく必要があるということを訴えていきたいと考えている。

文　献

Abernethy, D. (2000). A mother's scylla and charybdis: An anthoropologist looks at motherind: A review of mother nature: A history of mothers, infants, and natural selection. *The Journal of Nervous & Mental Disease*, **188**, 477-482.

安達智子（1998）．セールス職者の職務満足感―共分散構造分析を用いた因果モデルの検討．心理学研究，**69**, 223-228.

Altemeier, W. A., Vietze, P. H., Sherrod, K. A., Sandler, H. M., & O'Connor, S. M. (1978). Prospective study of factors predisposing to nonorganic failure to thrive. *Abstracts of Pediatric Research*, **12**, 367.

青木やよひ（1986）．フェミニズムとエコロジー．東京：新評論．

Apter, T. (1993). *Professional Progress: Why Women Still Don't Have Wives*. New York: Macmillan.

有北いくこ（2003）．働く母親・働きたい母親の心のうち．杉山千佳（編）．現代のエスプリ―仕事と家庭の両立―．429号（pp.140-149）．東京：至文堂．

Atkinson, M. P., & Blackwelder, S. P. (1993). Fathering in the 20th century. *Journal of Marriage and the Family*, **55**, 975-986.

Badinter, E. (1998). 母性という神話．鈴木　晶（訳）．東京：筑摩書房．(Badinter, E. (1980). *L'amour en plus: Histoire de l'amour maternel (XVIIe-XXe siècle)*. Paris: Flammarion.)

Barker, K. (1993). Changing assumptions and contingent solutions: The costs and benefits of women working full- and part-time. *Sex Roles*, **28**, 47-71.

Beck-Gernsheim, E. (1995). 子どもを持つという選択．木村育世（訳）．東京：勁草書房．(Beck-Gernsheim, E. (1989). *Die Kinderfrage: Frauenzwischen Kinderwunsch und Unabhangigkeit*. München: C. H. Beck'sche Verlagsbunchhandlung.)

Belsky, J. (1978). Three theoretical models of child abuse: A critical review. *Child Abuse and Neglect*, **2**, 37-49.

Belsky, J. (1981). Early human experience: A family perspective. *Developmental Psychology*, **17**, 3-23.

Belsky, J. (1984). The determinants of parenting: A process model. *Child Development*, **55**, 83-96.

Belsky, J. (1996). Parent, infant, and social-contextual antecedents of father-son attachment security. *Developmental Psychology*, **32**, 905-913.

Belsky, J., Lang, M., & Huston, T. L. (1986). Sex typing and division of labor as determinants of marital change across the transition to parenthood. *Journal of Personality and Social Psychology*, **50**, 517-522.

Benjamin, J. (1994). The Omnipotent Mother: A Psychoanalytic Study of Fantasy. In

Bassin, D., Honey, M., & Kaplan, M. M. (Eds.), *Representations of Motherhood* (pp.129-146). New Haven: Yale University.

Birns, B., & Ben-Ner, N. (1988). Psychoanalysis constructs motherhood. In Birns, B., & Hay, D. F. (Eds.), *The Different Faces of Motherhood* (pp.47-72). New York: Plenum Press.

Birns, B., & Hay, F. D. (1988). Conclusion. In Birns, B., & Hay, F. D. (Eds.), *The Different Faces of Motherhood* (pp.281-286). New York: Plenum Press.

Bowlby, J. (1967). 乳幼児の精神衛生. 黒田実郎 (訳). 東京：岩崎学術出版社. (Bowlby, J. (1952). *Maternal Care and Mental Health* (2nd ed.). World Health organization.)

Brownson, C., & Gillbert, L. A. (2002). The development of the discourses about fathers inventory: Measuring fathers' perceptions of their exposure to discourses. *Psychology of Men & Masculinity*, **3**, 85-96.

Bugental, B. D., Blue, J., & Cruzcosa, M. (1989). Perceived control over caregiving outcomes: Implications for child abuse. *Developmental Psychology*, **25**, 532-539.

Butler, J. (1999). ジェンダー・トラブル. 竹村和子 (訳). 東京：青土社. (Butler, J. (1990). *Gender Trouble: Feminism and the Subversion of Identity*. New York: Routledge.)

Campbell, D. J., Campbell, K. M., & Kennard, D. (1994). The effects of family responsibilities on the work commitment and job performance of non-professional women. *Journal of Occupational and Organizational Psychology*, **67**, 283-296.

Caplan, P. J., & Hall-Mc-Corquodale, I. (1985). The scapegoating of mothers: A call for change. *American Journal of Orthopsychiatry*, **55**, 610-613.

Carter, C. S. (1998). Neuroendocrine perspectives on social attachment and love. *Psychoneuroendocrinology*, **23**, 779-818.

Cassidy, J., Parke, R. D., Butkovsky, L., & Braungart, J. M. (1992). Family-peer connections: The roles of emotional expressiveness within the family and children's understanding of emotions. *Child Development*, **63**, 603-618.

Chodorow, N. (1981). 母親業の再生産：性差別の心理・社会的基盤. 大塚光子・大内管子 (訳). 東京：新曜社. (Chodorow, N. (1978). *The Reproduction of Mothering: Psychoanalysis and the Sociology of Gender*. Berkler: University of California Press.)

Darwin, C. R. (1967). 世界の名著39ダーウィン，人種の起源. 池田次郎・伊谷純一 (訳). 東京：中央公論社. (Darwin, C. R. (1871). *The Descent of Man and Selection in Relation to Sex*. New Jersey: Princeton University Press.)

Deater-Deckard, K., Scarr, S., McCartney, K., & Eisenberg, M. (1994). Parental separation anxiety: Relationships with parenting stress, child-rearing attitudes, and maternal anxieties. *Psychological Sciences*, **5**, 341-346.

Deutsch, H. (1964). 母親の心理1―母性のきざし―. 懸田克躬・原 百代 (訳). 東京：日本教文社. (Deutsch, H. (1944-1945). *The Psychology of Woman*, Vol.1. New York: Grune and Stratton.)

De Vilaine, A. (1995). 母-娘-母―私は別の歴史をつくりだしたかったのに―. De

Vilaine, A.-M., Gavarini, L., & Le Coadic, M.（編）．中嶋公子・目崎光子・磯本輝子・横地良子・宮本由美・菊地有子（訳）．フェミニズムから見た母性．東京：勁草書房．(De Villaine, A.-M., Gavarini, L., & Le Codiac, M. (Eds.) (1986). *Maternite en movement: Les femmes, la re production et les Hommes de science*. Paris: Presses Universitaires de Grenoble.)

土肥伊都子・広沢俊宗・田中國夫（1990）．多重な役割従事に関する研究—役割従事タイプ，達成感と男性性，女性性の効果—．社会心理学研究，**5**，137-145．

Dweck, C. S. (1975). The role of expectations and attributions in the alleviation of learned helplessness. *Journal of Personality and Social Psychology*, **31**, 647-685.

江上園子（2000）．卒業論文：児童虐待における責任性の研究．（未公刊）

江上園子（2005）．幼児を持つ母親の「母性愛」信奉傾向と養育状況における感情制御不全．発達心理学研究，**16**，122-134．

江上園子（2007）．"母性愛"信奉傾向が幼児への感情表出に及ぼす影響—職業要因との関連—．心理学研究，**78**，148-156．

江原由美子（2000）．母親たちのダブル・バインド．目黒依子・矢澤澄子（編）．少子化時代のジェンダーと母親意識（pp.29-46）．東京：新曜社．

Eisenberg, N., Cumberland, A., & Spinrad, T. L. (1998). Parental socialization of emotion. *Psychological Inquiry*, **9**, 241-273.

遠藤利彦（1995）．親になること・親であること．無藤　隆・久保ゆかり・遠藤利彦（著）．発達心理学（pp.159-177）．東京：岩波書店．

遠藤利彦（2001）．「3歳児神話」の陥穽に関する補足的試論・私論．ベビーサイエンス，**1**，66-67．

遠藤利彦（2007）．イントロダクション：「質的研究という思考法」に親しもう．秋田喜代美・能智正博（監修）．遠藤利彦・坂上裕子（編）．はじめての質的研究法：生涯発達編（pp.1-43）．東京：東京図書．

遠藤利彦・江上由実子・鈴木さゆり（1991）．母親の養育意識・養育行動の規定因に関する探索的研究．東京大学教育学部紀要，**31**，131-152．

Eyer, D. E. (2000). 母性愛神話のまぼろし．大日向雅美・大日向史子（訳）．東京：大修館書店．(Eyer, D. E. (1992). *Mother-Infant Bonding: A Scientific Fiction*. New Haven: Yale University Press.)

First, E. (1994). Mothering, Hate, and Winnicott. In Bassin, D., Honey, M., & Kaplan, M. M. (Eds.), *Representations of Motherhood* (pp.147-161). New Haven: Yale University Press.

Fleming, A. S., Ruble, D., Krieger, H., & Wong, P. Y. (1997). Hormonal and experiential correlates of maternal responsiveness during pregnancy and the puerperium in human mothers. *Hormones and Behavior*, **31**, 145-158.

Fleming, A. S., Steiner, M., & Corter, C. (1997). Cortisol, hedonics, and maternal responsiveness in human mothers. *Hormones and Behavior*, **32**, 85-98.

Flick, U. (2002). 質的研究入門：〈人間の科学〉のための方法論．小田博志・山本則子・春日　常・宮地尚子（訳）．東京：春秋社．(Flick, U. (1995). *Qualitative Forschung*.

Hamburg: Rowohlt Taschenbuch Verlag GmbH.)
Freud, S. (1955). 性と愛情の心理. 安田徳太郎・安田一郎 (訳). 東京：角川書店. (Freud, S. (1905). *Drei Abhandlungen zur Sexualtheorie*. München: dtv.)
Frosch, C. A., & Mangelsdolf, S. C. (2001). Marital behavior, parenting behavior, and multiple reports of preschoolers' behavior problems: Mediation or moderation? *Developmental Psychology, 37*, 502-519.
福丸由佳・小泉智恵 (2003). 乳幼児を持つ父母の多重役割と抑うつ度との関連. 心理臨床学研究, 21, 416-421.
Gable, S., Belsky, J., & Crnic, K. (1992). Marriage, parenting, and child development: Progress and prospects. *Journal of Family Psychology, 5*, 276-294.
Gilligan, C. (1986). もうひとつの声―男女の道徳観のちがいと女性のアイデンティティ―. 岩男寿美子 (監訳). 東京：川島書店. (Gilligan, C. (1982). *In a Different Voice*. Cambridge: Harvard University Press.)
Gould, R., & Sigall, H. (1977). The effects of empathy and outcome on attribution: An examination of the divergent-perspectives hypothesis. *Journal of Experimental Social Psychology, 13*, 480-491.
Greenberger, E., O'Neil, R., & Nagel, S. K. (1994). Linking workplace and homeplace: Relations between the nature of adults' work and their parenting behaviors. *Developmental Psychology, 30*, 990-1002.
Greenwald, A. G., Pratkanis, A. R., Leippe, M. R., & Baumgardner, M. H. (1986). Under what conditions does theory obstruct research progress? *Psychological Bulletin, 93*, 216-229.
Gretarsson, S. J., & Gelfand, D. M. (1988). Mothers' attributions regarding their children's social behavior and personality characteristics. *Developmental Psychology, 24*, 264-269.
Grzywacz, J. G., & Marks, N. F. (2000). Reconceptualizing the work-family interface: An ecological percepective on the correlates of positive and negative spillover between work and family. *Journal of Occupational Health Psychology, 5*, 111-126.
Halberstadt, A. G., Cassidy, J., Stifer, C. A., Parke, R. D., & Fox, N. A. (1995). Self-expressiveness within the family context: Psychometric support for a new measure. *Psychological Assessment, 7*, 93-103.
花沢成一 (1992). 母性心理学. 東京：医学書院.
原ひろ子 (1991). 次世代育成力―類としての課題. 原ひろ子・舘かおる (編). 母性から次世代育成力へ―産み育てる社会のために (pp.305-330). 東京：新曜社.
Himelstein, S., Graham, S., & Weiner, B. (1991). An attributional analysis of maternal beliefs about the importance of child-rearing practices. *Child Development, 62*, 301-310.
平井信義 (編)(1976). 母性愛の研究. 東京：同文書院.
広田照幸 (1999). 日本人のしつけは衰退したか―「教育する家族」のゆくえ―. 東京：講談社.

久徳重盛（1979）．母原病―母親が原因でふえる子どもの異常―．高松：教育研究社．
Hock, E., & DeMeis, D. K. (1990). Depression in mothers of infants: The role of maternal employment. *Developmental Psychology*, 26, 285-291.
Horney, K. (1982). ホーナイ全集1，女性の心理．我妻　洋・安田一郎（編）．安田一郎・我妻　洋・佐々木譲（訳）．東京：誠信書房．(Horney, K. (1924). On the genesis of the castration complex in women. *The International Journal of Psychoanalysis*, 5, 50-65.)
Isley, S., O'Neil, R., Clatfelter, D., & Parke, R. D. (1999). Parent and child expressed affect and children's social acceptance and competence : Modeling direct and indirect pathways. *Developmental Psychology*, 35, 547-560.
伊藤裕子（1978）．性役割の評価に関する研究．教育心理学研究，26, 1 -11.
伊藤裕子・相良順子・池田政子（2004）．既婚者の心理的健康に及ぼす結婚生活と職業生活の影響．心理学研究，75, 435-441.
Jackson, D., & Mannix, J. (2004). Giving voice to the burden of blame: A feminist study of mothers' experiences of mother blaming. *International Journal of Nursing Practice*, 10, 150-158.
Kagan, J. (1978). The parental love trap. *Psychology Today*, pp.54, 57, 58, 61, 91.
神谷哲司（2006）．育児期家族への移行にともなう夫婦の親役割観の変化についての個性記述的検討―3事例の縦断的量的データと階層的面接調査による質的データから―．地域学論集，2, 367-388.
Kanoy, K., Ulku-Steiner, B., Cox, M., & Burchinal, M. (2003). Marital relationship and individual psychological characteristics that predict physical punishment of children. *Journal of Family Psychology*, 17, 20-28.
Kaplan, E. A. (2000). 母性を読む―メロドラマと大衆文化にみる母親像―．水口紀勢子（訳）．東京：勁草書房．(Kaplan, E. A. (1997). *Looking for the Other: Feminism, Film and the Imperial Gaze.* New York: Routledge.)
柏木恵子・東　洋（1977）．日米の母親における幼児への発達期待及び就学前教育観．教育心理学研究，25（4），242-253.
柏木恵子・蓮香　園（2000）．母子分離〈保育園に子どもを預ける〉についての母親の感情・認知―分離経験および職業の有無との関連で―．家族心理学研究，14, 61-74.
柏木恵子・若松素子（1994）．「親となる」ことによる人格発達：生涯発達的視点から親を研究する試み．発達心理学研究，5, 72-83.
加藤邦子・石井クンツ昌子・牧野カツコ・土谷みち子（2002）．父親の育児かかわり及び母親の育児不安が3歳児の社会性に及ぼす影響：社会的背景の異なる2つのコホート比較から．発達心理学研究，13, 30-41.
川村千恵子（2007）．家族支援とナラティヴ・アプローチ．畠中宗一（編）．現代のエスプリ―育児・子育てのなかの家族支援―．479号（pp.67-74）．東京：至文堂．
数井みゆき・無藤　隆・園田菜摘（1996）．子どもの発達と母子関係・夫婦関係：幼児を持つ家族について．発達心理学研究，7, 31-40.
Klaus, M. H., & Kenell, J. H. (1979). 母と子のきずな―母子関係の原点を探る．竹内　徹・柏木哲夫（訳）．東京：医学書院．(Klaus M. H., & Kenell J. H. (1976). *Maternal-Infant*

Bonding. St. Louis: Mosby.)

Klaus, M. H., & Kenell, J. H. (1983). Parenttoinfant bonding: Setting the record straight. *Journal of Pediatrics*, 102, 575-576.

小泉智恵・菅原ますみ・前川暁子・北村俊則 (2003). 働く母親における仕事から家庭へのネガティヴ・スピルオーバーが抑うつ傾向に及ぼす影響. 発達心理学研究, 14, 272-283.

小嶋秀夫 (1988). 親となる心の準備. 繁多 進・大日向雅美 (編). 母性：こころ・からだ・社会. 東京：新曜社.

小杉正太郎 (2000). ストレススケールの一斉実施による職場メンタルヘルス活動の実際—心理学的アプローチによる職場メンタルヘルス活動. 産業ストレス研究, 7, 141-150.

Laborie, M. (1995). 性的差異の思想はつくれるか. De Viaine, A.-M., Gavarini, L.,& Le Coadic, M. (編). 中嶋公子・目崎光子・磯本輝子・横地良子・宮本由美・菊地有子 (訳). フェミニズムから見た母性. 東京：勁草書房. (De Villaine, A.-M., Gavarini, L., & Le Codiac, M. (Eds.) (1986). *Maternite en movement: Les femmes, la re production et les Hommes de science*. Paris: Presses Universitaires de Grenoble.)

Lamb, M. E. (1982a). Early contact and maternal-infant bonding: One decade later. *Pediatrics*, 70, 763-768.

Lamb, M. E. (1982b). The bonding phenomenon：Misinterpretation and their implications. *Journal of Pediatrics*, 101, 555-557.

Larrance, D. T., & Twentyman, C. T. (1983). Maternal attributions and child abuse. *Journal of Abnormal Psychology*, 92, 449-457.

Le Coadic, M. (1995). 序論. De Vilaine, A.-M., Gavarini, L., & Le Coadic, M. (編). 中嶋公子・目崎光子・磯本輝子・横地良子・宮本由美・菊地有子 (訳). フェミニズムから見た母性. 東京：勁草書房. (De Villaine, A.-M., Gavarini, L., & Le Codiac, M. (Eds.) (1986). *Maternite en mouvement: Les femmes, la re production et les Hommes de science*. Paris: Presses Universitaires de Grenoble.)

Lee, C. L., & Bates, J. E. (1985). Mother-child interaction at age two years and perceived difficult temperament. *Child Development*, 56, 1314-1325.

Leibovici, M. (1995). パパとママの間にある新しい母性. De Vilaine, A.-M., Gavarini, L., & Le Coadic, M. (編). 中嶋公子・目崎光子・磯本輝子・横地良子・宮本由美・菊地有子 (訳). フェミニズムから見た母性. 東京：勁草書房. (De Villaine, A.-M., Gavarini, L., & Le Codiac, M. (Eds.) (1986). *Maternite en mouvement: Les femmes, la re production et les Hommes de science*. Paris: Presses Universitaires de Grenoble.)

Lorenz, K. (1998). ソロモンの指環—動物行動学入門—. 日高敏隆 (訳). 東京：早川書房. (Lorenz, K. (1998). *Er redete mit dem Vieh, den Vögeln und den Fischen*. München: DTV Deutscher Taschenbuch Verlag.)

Luthar, S. S., Doyle, K., Suchman, N. E., & Mayes, L. (2001). Developmental themes in women's emotional experiences of motherhood. *Development and Psychopathology*, 13, 165-182.

Maestripieri, D. (2001). Is there mother-infant bonding in primates？ *Developmental*

Review, 21, 93-120.

松信ひろみ（2000）．就業女性にとっての職業と子育て―「子育てよりも仕事」は本当か？―．目黒依子・矢澤澄子（編）．少子化時代のジェンダーと母親意識（pp.149-168）．東京：新曜社．

松浦素子（2006）．成人女性のライフスタイルと精神的健康との関連―役割達成感とパーソナリティの観点から―．心理学研究，*77*, 48-55.

Mauthner, N. S. (1999). "Feeling low and feeling really bad about feeling low": Women's experiences of motherhood and postpartum depression. *Canadian Psychology, 40*, 143-161.

McCartney, K., & Phillips, D. (1988). Motherhood and Child Care. Birns, B., & Hay, D. (Eds.), *The Different Faces of Motherhood* (pp.157-183). New York: Plenum Press.

Minde, K., Perrotta, M., & Marton, P. (1985). Maternal caretaking and play with full-term and premature infants. *Journal of Child Psychology and Psychiatry, 26*, 231-244.

宮本美沙子（1982）．子どもの原因帰属と母親の原因帰属との関係について．母子研究，*5*, 188-203．

溝田めぐみ・住田正樹・横山　卓（2003）．母親観と育児不安．日本保育学会第56回大会発表論文集，333．

水野里恵（1998）．乳児期の子どもの気質・母親の分離不安と後の育児ストレスとの関連：第一子を対象にした乳幼児期の縦断研究．発達心理学研究，*9*, 56-65.

Morgan, E.（1997）．女の由来―もう一つの人類進化論―．望月弘子（訳）．東京：どうぶつ社．(Morgan, E. (1985). *The Descent of Woman: The Classic Study of Evolution*. London: Souvenir Press.)

Morgan, E.（1998）．子宮の中のエイリアン―母と子の関係はどう進化してきたか―．望月弘子（訳）．東京：どうぶつ社．(Morgan, E. (1994). *The Descent of the Child: Human Evolution from a New Perspective*. London: Souvenir Press Ltd.)

村本邦子（1994）．妊婦の心理とその援助について．清水康雄（編）．imago, 5　特集　お産の心理学：性と生殖の深層（pp.129-134）．東京：青土社．

無藤清子・園田雅代・野村法子・前川あさ美（1996）．複数役割を持つ成人期女性の葛藤と統合のプロセス．日本教育心理学会第38回総会発表論文集，124．

永久ひさ子・柏木惠子（2000）．母親の個人化と子どもの価値―女性の高学歴化・有職化の視点から―．家族心理学研究，*14*, 139-150.

永久ひさ子・柏木惠子（2002）．成人期女性における資源配分と生活感情―高学歴化は成人期女性の人格発達をどう変えるか―．文京学院大学研究紀要，*4*, 35-48.

永久ひさ子・柏木惠子（2005）．女性における自己配分―家族へか自分へか―．文京学院大学研究紀，*7*, 45-60.

内藤和美（1990）．「母性」概念の発展的解消から再構築へ．昭和女子大学女性文化研究所紀要，*5*, 75-88.

中谷奈津子（2002）．虐待の世代間連鎖と子育て支援事業の認知に関する研究―保育所・地域子育て支援センターを中心として―．保育学研究，*40*, 29-36.

Nicolson, P. (1999). Loss, happiness, and postpartum depression: The ultimate paradox.

Canadian Psychology, **40**, 162-178.

Nicolson, P. (2001). *Postnatal Depression: Facing the Paradox of Loss, Happiness, and Motherhood.* New Jersey: John Wiley and Sons.

西田裕紀子 (2000). 成人女性の多様なライフスタイルと心理的 well-being に関する研究. 教育心理学研究, **48**, 433-443.

Oberman, Y., & Josselson, R. (1996). Matrix of tensions: A model of mothering. *Psychology of Woman Quarterly*, **20**, 341-359.

大日向雅美 (1988). 母性の研究―その形成と変容の過程：伝統的母性観への反証―. 東京：川島書店.

大日向雅美 (2000). 母性愛神話の罠. 東京：日本評論社.

大日向雅美 (2000). 母性研究の課題―心理学の研究は社会的要請にいかに応えるべきか―. 教育心理学年報, **40**, 146-156.

Parke, R. D. (1996). *Fatherhood.* Cambridge, MA: Harvard University Press.

Phares, V. (1992). Where's Poppa？: The relative lack of attention to the role of fathers in child and adolescent psychopathology. *American Psychologist*, **47**, 656-664.

Phares, V. (1993). Father absence, mother love, and other family issues that need to be questioned: Comment on Silverstein (1993). *Journal of Family Psychology*, **7**, 293-300.

Rollins, J. H. (1996). *Women's Minds, Women's Bodies : The Psychology of Women in a Biosocial Context.* New Jersey: Prentice-Hall.

Rotter, J. B. (1966). Generalized expectancies for internal versus external control of reinforcement. *Psychological Monographs: General and Applied*, **80**, 1-28.

Rousseau, J.-J. (1994). エミール. 今野一雄 (訳). 東京：岩波書店. (Rousseau, J.-J. (1762). *Emile, ou l'Education.* Paris: Ed. Garnier.)

Ruble, D. N., Fleming, A. S., Hackel, L. S., & Stangor, C. (1988). Changes in the marital relationship during the transition to first time motherhood: Effects of violated expectations concerning division of household labor. *Journal of Personality and Social Psychology*, **55**, 78-87.

Rutter, M. (1979). 母親剥奪理論の功罪. 北見芳雄・佐藤紀子・辻　祥子 (訳). 東京：誠信書房. (Rutter, M. (1972). *Maternal Deprivation Reassessed.* London: Penguin Press.)

Rutter, M. (1984). 続・母親剥奪理論の功罪. 北見芳雄・佐藤紀子・辻　祥子 (訳). 東京：誠信書房. (Rutter, M. (1981). *Maternal Deprivation Reassessed* (2nd ed.). London: Penguin Press.)

榊原洋一 (2001). 3歳児神話―その歴史的背景と脳科学的意味―. ベビーサイエンス, **1**, 60-65.

Sayers, J. (1993). 20世紀の女性精神分析家たち. 大島かおり (訳). 東京：晶文社. (Sayers, J. (1991). *Mothers of Psychoanalyasis: Helene Deutsch, Karen Horney, Anna Freud, and Mekanie Klein.* New York: Norton.)

Schwartz, A. (1994). Taking the Nature Out of Mother. In Bassin, D., Honey, M., & Kaplan, M. M. (Eds.), *Representations of Motherhood* (pp.240-255). New Haven: Yale

University Press.
塩崎尚美・無藤 隆．(2006)．幼児に対する母親の分離意識：構成要素と影響要因．発達心理学研究，17, 39-49.
Silverstein, L. B. (1991). Transforming the debate about child care and maternal employment. *American Psychologist*, 46, 1025-1032.
園田菜摘・無藤 隆（1996）．母子相互作用における内的状態への言及：場面差と母親の個人差．発達心理学研究，7, 159-169.
Spitz, R. A. (1945). Hospitalism. *The psychoanalytic Study of the Child*, 1, 53-74.
菅野幸恵（2001）．母親が子どもをイヤになること：育児における不快感情とそれに対する説明づけ．発達心理学研究，12, 12-23.
菅原ますみ・北村俊則・戸田まり・島 悟・佐藤達哉・向井隆代（1999）．子どもの問題行動の発達：Externalizing な問題傾向に関する生後11年間の縦断研究から．発達心理学研究，10, 32-45.
鈴木淳子（1987）．フェミニズム・スケールの作成と信頼性・妥当性の検討．社会心理学研究，2, 45-54.
鈴木 平・春木 豊（1994）．怒りと循環器系疾患の関連性の検討．健康心理学研究，7, 1-13.
Swigart, J. (1995)．バッド・マザーの神話．斎藤 学（監訳）．橘 由子・青島淳子（訳）．東京：誠信書房（Swigart, J. (1991). *The Myth of the Bad Mother: The Emotional Realities of Mothering*. New York: Doubleday.）
舘かおる（1991）．近代日本の母性とフェミニズム─母性の権利から産育権へ─．原ひろ子・舘かおる（編）．母性から次世代育成力へ─産み育てる社会のために（pp. 3 -39）．東京：新曜社．
田間泰子（2001）．母性愛という制度─子殺しと中絶のポリティクス─．東京：勁草書房．
Taylor, S. E., & Koivumaki, J. H. (1976). The perception of self and others: Acquaintanceship, affect, and actor-observer differences. *Journal of Personality and Social Psychology*, 33, 403-408.
Terry, D. J. (1991). Stress, coping and adaptation to new parenthood. *Journal of Social and Personal Relationships*, 8, 527-547.
戸田まり（1990）．母性形成と発達．発達の心理学と医学，1, 303-311.
徳田治子（2002）．母親になることによる獲得と喪失─生涯発達の視点から．家庭教育研究所紀要，24, 110-120.
徳田治子（2004）．ナラティヴから捉える子育て期女性の意味づけ─生涯発達の視点から．発達心理学研究，15, 13-26.
氏家達夫（1996）．親になるプロセス．東京：金子書房．
氏家達夫・高濱裕子（1994）．3人の母親─その適応過程についての追跡的研究．発達心理学研究，5, 123-136.
矢木公子（1991）．イデオロギーとしての母性．城西大学学術研究叢書，9．
やまだようこ（1995）．理論研究をまとめるために．発達心理学研究，6, 72-74.
Weiner, B., Heckhausen, H., Meyer, W.-U., & Cook, E. (1972). Causal ascriptions and

achievement behavior: A conceptual analysis of effort and reanalysis of locus of control. *Journal of Personality and Social Psychology,* **21**, 239-248.

Weiner, B. (1979). A theory of motivation for some classroom experiences. *Journal of Educational Psychology,* **71**, 3-25.

Weiner, B. (1986). *An Attributional Theory of Motivation and Emotion.* New York: Springer Verlag.

Winnicott, D. W. (1965). *The Family and Individual Development.* London: Tavistock Publications.

Zuckerman, M. (1979). Attributions of success and failure revisited, or the motivational bias is alive and well in attributing theory. *Journal of Personality,* **49**, 245-287.

初出一覧

　本書は既に公刊した論文の一部を改稿した上で使用している。それらの既発表論文と関連する章は以下の通りである。

第1章
江上園子（2004）．「母性愛」から「『母性愛』信奉傾向」へ――実り多き実証研究に向けた「母性」概念再考の試み――．お茶の水女子大学大学院人間文化研究科　人間文化論叢，**7**，185-193．

第2章
江上園子（2005）．幼児を持つ母親の「母性愛」信奉傾向と養育状況における感情制御不全．発達心理学研究，**16**，122-134．

江上園子（2008）．「母性愛」信奉傾向と母親が抱く養育信念との関連．北海道教育大学紀要（教育科学編），**58**，197-203．

第3章
江上園子（2003）．母親の原因帰属傾向が養育状況における感情制御に与える影響――「母性愛」信奉傾向との交互作用に着目して――．お茶の水女子大学大学院人間文化研究科　人間文化論叢，**6**，253-261．

第4章
江上園子（2005）．幼児を持つ母親の「母性愛」信奉傾向と養育状況における感情制御不全．発達心理学研究，**16**，122-134．

第5章
江上園子（2007）．"母性愛"信奉傾向が幼児への感情表出に及ぼす影響――職

業要因との関連——. 心理学研究, **78**, 148-156.

第 6 章

江上園子（2008）. 子育て期にある母親の「母性愛」信奉傾向における主観的な意識. お茶の水女子大学大学院人間文化創成科学研究科 人間文化創成科学論叢, **11**, 421-430.

おわりに

　本書の執筆にあたっては，多くの方から大いなるご協力やご指導をいただきました。研究という形だけではなく，ひとりの人間として，たくさんの勉強ができる機会を下さいました。第一に，調査のために時間を割いて下さった多くのお母様たち，保育園・幼稚園の先生方に心より感謝申し上げます。研究を始めた頃は，「母親」という立場の存在に興味関心があり関連する読み物に目を通してはいたものの，あくまで自分とは別次元の存在で第三者的に対象化したような存在でした。それが研究を進めていくにつれ「先達者」や「先輩」という存在にかわり，いまこの文章を書いている時点では，怖れながらも「そうそう。わかるわかる！　そういうときもあるよね」と心から共感できたり，「え，ほんと？　すごいな」と個人差を痛感させられたりするような「同輩」や「仲間」となりました。

　人間は経験からこそ学ぶ存在だ，と聞いたことがあります。研究者のはしくれとしては「それだけが人間としての学習ではないし，経験してもわからないことも多いのだ」と言えますし言いたいのですが，子育てに関しては，正負の意味をこめて，経験していることが何よりの勉強だと実感しています。面白いことに，自分が結婚・出産・育児休業を経てからの方が，母親研究・女性研究への動機づけが向上しました（残念ながらそれが結果としてあらわれるかは別として）。これは元来のんびりしていて怠け者な自分にとって，一番の驚きでした。

　本書は，平成20年にお茶の水女子大学に提出した博士論文を加筆修正したものです。当時，お茶の水女子大学で副学長をしておられた内田伸子先生（平成26年現在は十文字学園女子大学理事）には，北海道教育大学の教員であった自分に博士論文を執筆する機会をいただきました。執筆の際にいただいたあたたかなお心遣いと丁寧なご指導，全てが自分の礎となっております。白梅学園大学の無藤隆先生には，博士課程に入学してから現在に至るまで，研究や学問の

おわりに

枠をこえて，教育界の動向や社会情勢まで教えていただいています。お茶の水女子大学の菅原ますみ先生は，大学院在籍時代では授業を通して，その後は学会などの機会に，素晴らしいご研究のお話をうかがうことができました。博士論文のときにも有益なご助言をたくさんいただきました。内藤俊史先生，大森美香先生，大学院時代にお会いすることはなかったにもかかわらず，博士論文の副査を快くお引き受け下さいました。以上の先生方に，心より感謝申し上げております。

九州大学の中村知靖先生には，修士課程の頃から統計の部分でいつも的確なコメントをいただいています。修士課程を修了後も現在に至るまで，ご相談申し上げたときには常に時間を作って下さいました。東京大学の遠藤利彦先生には，研究というものがまるでわかっていない勉強不足な，どうしようもないダメ院生であった修士課程入学の頃からずっと，博士論文執筆の際に至るまで，辛抱強く丁寧にご指導いただきました。先生との出会いが，研究者になりたいという夢との出会いでもありました。中村先生，遠藤先生，言葉に尽くせないほど感謝しております。

博士論文を今回本書として発展させていくにあたり何度も再読しましたが，そのときどきでは精一杯のものだとしても，いまはただただ至らぬ点ばかりが目につき恥ずかしさと悔しさを抱きました。しかし，私自身がいまだにこのテーマと向きあって研究を続けていられるのも，こうした過去の自分の研究が土台としてあるからこそ，だとも考えています。実際に，本書にまとめた自分の研究結果を踏まえ，現在は，父親も研究対象としながら夫婦関係や家族システム，ジェンダー的な視点も取り入れつつ，「母性愛」信奉傾向とその影響力を解明したいと自分なりに尽力しています。そのため，博士論文から本書へと進むにあたっては，極力，書き直すことはしませんでした。

本書の刊行は，横浜市立大学の平井美佳先生，宇都宮大学の澤田匡人先生，香川大学の大久保智生先生の勧めがあったからこそ実現したものです。分野も出身も異なりますが，このような同年代の優秀な研究者の方たちからは有形無形の刺激を受けています。また，愛媛大学の同僚の先生方，とくに同じ教育心理学教室の橋本厳先生，相模健人先生，富田英司先生には，日々たくさんのことで助けていただいています。本書を執筆できたのも，先生方と一緒に仕事が

できているからです。ナカニシヤ出版の山本あかねさんは，本書執筆中に妊娠中であった自分をいつもお気遣い下さり，こちらの質問に対して最後まで懇切丁寧にご教示下さいました。本当にありがとうございます。

　最後になりますが，修士論文作成時からずっと，私の研究生活を支えてくれていた父・嘉実と母・圭子（とくに母には第一子出産後から家事・育児で助けられっぱなしです），姉思いの弟・喜朗にも心よりの感謝を捧げます。そして私の新しい家族となってくれた夫・岡﨑雄一と長女の嘉乃，さらに現在，お腹の中にいる第二子にも感謝の意を表します。本書で触れている調査は全て，ひとりのときに行いました。博士論文を書き上げたときも，ひとりでした。しかし，本書の執筆中には，夫と娘というふたりの家族が傍にいてくれました。この文章を書いている現在は，お腹の中に三人目の新しい家族がいます。自分が世間や社会一般の「母性愛」概念に振り回されずに，かつ当事者としての母親をそれなりに楽しめているのも，新しい家族となってくれている三人の御蔭です。ありがとう。

2014年　8月

江上園子

晃乃（0歳）と嘉乃（3歳）(2014年10月)

人名索引

A
Abernethy, D.　11
安達智子　60, 61
Altemeier, W. A.　44
青木やよひ　10
Apter, T.　4
有北いくこ　88
Atkinson, M. P.　5
東 洋　46, 54

B
Badinter, E.　4, 107
Barker, K.　59, 69
Bates, J. E.　44
Baumgardner, M. H.　22
Beck-Gernsheim, E.　72
Belsky, J.　30, 31, 42, 44, 56-58, 71, 99, 105, 111, 112
Benjamin, J.　107
Ben-Ner, N.　6, 7
Birns, B.　6, 7, 72
Blackwelder, S. P.　5
Blue, J.　32
Bowlby, J.　8, 9, 107
Braungart, J. M.　14, 61
Brownson, C.　10
Bugental, B. D.　32
Burchinal, M.　71
Butkovsky, L.　14, 61
Butler, J.　11

C
Campbell, D. J.　58

Campbell, K. M.　58
Caplan, P. J.　5, 6, 11
Carter, C. S.　9
Cassidy, J.　14, 61
Chodorow, N.　7, 8, 107
Clatfelter, D.　14
Cook, E.　31
Corter, C.　9
Cox, M.　71
Crnic, K.　71
Cruzcosa, M.　32
Cumberland, A.　59

D
Darwin, C. R.　6
De Vilaine, A.　4
Deater-Deckard, K.　105
DeMeis, D. K.　68
Deutsch, H.　7, 8
土肥伊都子　59, 70
Doyle, K.　106
Dweck, C. S.　42

E
江上園子　42, 60, 62
江上由実子　42, 44
江原由美子　58
Eisenberg, M.　105
Eisenberg, N.　59
遠藤利彦　9, 42, 44, 102
Eyer, D. E.　8, 107

F
First, E.　5

Fleming, A. S.　9, 112
Flick, U　102
Fox, N. A.　61
Freud, S.　6, 7, 8, 107
Frosch, C. A.　106
福丸由佳　59

G
Gable, S.　71
Gelfand, D. M.　32
Gillbert, L. A.　10
Gilligan, C.　10
Gould, R.　31
Graham, S.　32
Greemwald, A. G.　22
Greenberger, E.　70
Gretarsson, S. J.　32
Grzywacz, J. G.　59

H
Hackel, L. S.　112
Halberstadt, A. G.　61
Hall-Mc-Corquodale, I.　5, 6, 11
花沢成一　11, 13, 21, 23, 29
原 ひろ子　11
春木 豊　35, 47
Hay, F. D.　6, 72
Heckhausen, H.　31
Himelstein, S.　32
平井信義　4, 13, 29, 107
広沢俊宗　59
広田照幸　29

人名索引

久徳重盛　3, 5
Hock, E.　68
Horney, K.　7, 8
Huston, T. L.　112

I
池田政子　59
石井クンツ昌子　112
Isley, S.　14
伊藤裕子　23, 59, 69, 70

J
Jackson, D.　5, 6, 12, 92
Josselson, R.　73

K
Kagan, J.　4
神谷哲司　112
Kanoy, K.　71
Kaplan, E. A.　5
柏木惠子　46, 54, 73, 80, 83, 88, 105
加藤邦子　112
川村千恵子　72
数井みゆき　111
Kenell, J. H.　8, 107
Kennard, D.　58
北村俊則　58, 111
Klaus, M. H.　8, 107
Koivumaki, J. H.　31
小泉智恵　58, 59
小杉正太郎　60, 61
小嶋秀夫　11
Krieger, H.　9

L
Laborie, F.　10, 12
Lamb, M. E.　8
Lang, M.　112
Larrance, D. T.　32, 33

Le Coadic, M.　11
Lee, C. L.　44
Leippe, M. R.　22
Lelibovici, M.　11
Lorenz, M.　8
Luthar, S. S.　106

M
前川暁子　58
前川あさ美　93
松信ひろみ　58
Maestripieri, D.　9
牧野カツコ　112
Mangelsdolf, S. C.　106
Mannix, J.　5, 6, 12, 92
Marks, N. F.　59
Marton, P.　44
松浦素子　59, 71
Mauthner, N. S.　112
Mayes, L.　106
McCartney, K.　13, 105, 108
Meyer, W-U.　31
Minde, K.　44
宮本美沙子　35
溝田めぐみ　81, 86, 110
水野里惠　105
Morgan, E.　9, 12
向井隆代　111
村本邦子　14, 110
無藤清子　93
無藤　隆　61, 105, 111

N
永久ひさ子　73, 80, 88
Nagel, S. K.　70
内藤和美　11
中谷奈津子　107
Nicolson, P.　4, 85
西田裕紀子　71

野村法子　93

O
Oberman, Y.　73
O'Connor, S. M.　44
O'Neil, R.　14, 70
大日向雅美　3, 4, 6, 9, 11, 13-15, 21, 23, 29, 58, 107-109

P
Parke, R. D.　14, 61, 112
Perrotta, M.　44
Phares, V.　12, 22
Phillips, D.　13, 108
Pratkanis, A. R.　22

R
蓮香園　105
Rollins, J. H.　6
Rotter, J. B.　31
Rousseau, J. J.　6
Ruble, D.　9
Ruble, D. N.　112
Rutter, M.　8, 107

S
相良順子　59
榊原洋一　9
Sandler, H. M.　44
佐藤達哉　111
Sayers, J.　5, 7
Scarr, S.　105
Schwartz, A.　21
Sherrod, K. A.　44
島　悟　111
塩崎尚美　105
Sigall, H.　31
Silverstein, L. B.　4, 7
園田雅代　93

園田菜摘　　61, 111
Spinrad, T. L.　　59
Spitz, R. A.　　8
Stangor, C.　　112
Steiner, M.　　9
Stifer, C. A.　　61
Suchman, N. E.　　106
菅野幸恵　　106
菅原ますみ　　58, 111
住田正樹　　81, 86, 110
鈴木淳子　　23
鈴木さゆり　　42, 44
鈴木 平　　35, 47
Swigart, J　　85, 108

T
高濱裕子　　73, 113

田間泰子　　10
田中國夫　　59
舘 かおる　　11
Taylor, S. E.　　31
Terry, D. J.　　83
戸田まり　　4, 21, 111
徳田治子　　93, 94, 106
土谷みち子　　112
Twentyman, C. T.　　32, 33

U
氏家達夫　　15, 72, 73, 113
Ulku-Steiner, B.　　71

V
Vietze, P. H.　　44

W
若松素子　　83
Weiner, B.　　31, 32
Winnicott, D. W.　　7, 8
Wong, P. Y.　　9

Y
矢木公子　　4, 6
やまだようこ　　72, 109
横山 卓　　81, 86, 110
与謝野晶子　　10

Z
Zuckerman, M.　　31

事項索引

あ
アンケート　　16, 23, 34, 46
安定性 "stability"　　31
アンビヴァレント　　85
怒りによる翻弄状態　　35, 47
怒りの感情制御不全　　35
怒りの自覚制御　　35, 47
怒りの制御不全　　45
怒りの内的経験　　35, 47
育児ストレス　　105
育児性　　11
育児における不快感情　　106

意味づけ　　73, 94
因果関係　　22
インタビュー　　16, 72
エディプス・コンプレックス　　6, 7, 107
M-H-F スケール　　23
親子関係　　42
親役割行動　　112

か
階層的重回帰モデル　　111
外的統制型（external control）　　41
家父長制文化　　107
考える主体　　114

感情制御　　14
感情表出　　14, 59
帰結（outocome）　　13
期待水準尺度　　46
規定因（determinant）　　13
虐待　　42, 44
KJ 法　　25
原因帰属　　31
　——傾向　　16
　——理論　　31
原因の所在 "locus of control"　　31
交互作用効果　　41
子どもの発達水準　　16, 45

事項索引

子どもの要因　45

さ
サポート　56
産育権　11
三歳児神話　3
ジェンダー　12
自我発達　106
自己奉仕的バイアス（self-serving bias）　31
次世代育成力　11
実証研究　12, 13, 32
質的　72, 109
　——研究　102
質問紙調査　73
児童虐待　32
社会活動　71
社会構築主義　10
社会的通念　113
社会的ネットワーク　57
社会の文脈的要因　42
就業形態　16
主観的幸福感　69
主観的な経験　72
職業　57
　——の有無　58
　——満足度　16
職務満足感尺度　60
信頼性　24
　——係数　35
心理的結合　7
心理的ディストレス　106
数量的解析　72
ストレス　56
生活満足感　59, 70
精神的健康　58
性別役割分業　6
聖母信仰　6, 107
性役割観　23
性役割態度　23

self-blaming　6
全能なる母親　107
相互作用モデル　111

た
第一次反抗期　45
対児感情　11
対象関係理論　7
多義的　70
多重役割　58
妥当性　24
ダブルバインド　58
知覚レンズ　72
天井効果　54
伝統的育児観　105
伝統的性役割観　22, 69
伝統的母親役割観　105
伝統的母性観　13, 108
トライアンギュレーション（方法的複眼）　102

な
内的統制型（internal control）　41
妊娠・分娩・授乳の機能　11
ネガティヴな感情　60

は
パーフェクトマザー　29
発達段階　41, 56
母親意識　58
母親規範意識　108
母親業　4
母親役割　22
平等主義的性役割態度尺度（SESRA）　23
夫婦関係　56
フェミニズム　5
父性愛　4

不適切な養育　44
分離意識　105
parenting　5
母原病　3
母子関係　7, 71
ポジティヴな感情　60
補償（compensation）　59
母性　3, 21
　——愛　3, 21
　——信奉傾向尺度　15, 21, 34, 46, 60, 73, 99
　——意識　21, 58
　——尺度　23
　——信仰　6, 107
　——剥奪（maternal deprivation）　8
　——理論　9
　——保護論争　10
　——ホルモン　9
　——本能　21, 107
　——理念質問紙　23
本質主義　10
ボンディング理論　8

ま
motherhood　3
mother-blaming　5
mothering　5
maternity　3
面接調査　73
両刃の剣　105, 109

や
役割葛藤感　58, 68
役割過負荷　59
養育　42
　——行動　45, 56
　——者自身の要因　42
　——信念　22

——態度　14	ら	両義的　42
養護性　11	ライフコース　68	量的　72, 109
	理想の母親像　112	——研究　102
	流出（spillover）　58	

［著者紹介］

江上園子（えがみ　そのこ）
愛媛大学教育学部准教授
博士（人文科学）　臨床発達心理士
主著に,『よくわかる情動発達』(分担執筆, ミネルヴァ書房, 2014),『よくわかる心理学』(分担執筆, ミネルヴァ書房, 2009),『原著で学ぶ社会性の発達』(分担執筆, ナカニシヤ出版, 2008) など。

母親の「母性愛」信奉
――実証研究からみえてくるもの――

2015 年 2 月 20 日　　初版第 1 刷発行　　（定価はカヴァーに表示してあります）

　　　　　　著　者　江上園子
　　　　　　発行者　中西健夫
　　　　　　発行所　株式会社ナカニシヤ出版
　　　　　　〒606-8161　京都市左京区一乗寺木ノ本町 15 番地
　　　　　　　　　　　Telephone　075-723-0111
　　　　　　　　　　　Facsimile　075-723-0095
　　　　　　　Website　http://www.nakanishiya.co.jp/
　　　　　　　Email　iihon-ippai@nakanishiya.co.jp
　　　　　　　　　　　郵便振替　01030-0-13128

装幀＝白沢　正／印刷・製本＝亜細亜印刷
Copyright © 2015 by S. Egami
Printed in Japan.
ISBN978-4-7795-0939-1